URSULA CABERTA

SCHWARZBUCH
ESOTERIK

Gütersloher Verlagshaus

Bibliografische Information der Deutschen Nationalbibliothek

Die Deutsche Nationalbibliothek verzeichnet diese Publikation
in der Deutschen Nationalbibliografie; detaillierte bibliografische
Daten sind im Internet über http://dnb.d-nb.de abrufbar.

MIX

Papier aus ver-
antwortungsvollen
Quellen

FSC® C014496

Verlagsgruppe Random House FSC-DEU-0100
Das für dieses Buch verwendete FSC®-zertifizierte Papier
Munken Premium Cream liefert Arctic Paper Munkedals AB, Schweden.

1. Auflage
Copyright © 2010 by Gütersloher Verlagshaus, Gütersloh,
in der Verlagsgruppe Random House GmbH, München

Umschlagmotiv: © spaceshirt / fotolia.de
Druck und Einband: GGP Media GmbH, Pößneck
Printed in Germany
ISBN 978-3-579-06743-8

www.gtvh.de

Inhalt

Einleitung

Esoterik ist in. Doch was ist mit diesem Begriff gemeint? Sind Esoterik und Okkultismus identisch? Welche Lehren stecken dahinter? Der Markt ist groß und verwirrend, deshalb dieses Buch. Beide Begriffe fanden bereits im 19. Jahrhundert als Eigenbezeichnungen Verwendung. Allerdings war schon damals bei Anhängern und Kritikern umstritten, welche Praktiken oder Vorstellungen im Einzelnen unter den jeweiligen Begriff fallen.[1]

Es existieren also keine allgemeinen Richtlinien oder Grundsätze, was alles im Zusammenhang mit den Lehren zu beschreiben ist. Außerdem sind durchaus auch hier gewisse Modetrends zu berücksichtigen.

Okkulte Praktiken und der Glaube an Übersinnliches, an einen oder mehrere Götter oder andere Wesen, die Einfluss auf die individuelle Existenz, auf gesellschaftliche Entwicklungen, auf die Welt und das Universum haben sollen, sind weit verbreitet. Immer schon hat es diese Haltung gegeben, aber sie hat sich im Laufe der Zeit verändert.

Esoterischen Ideen oder okkultem Handeln werden ganz unterschiedliche Aspekte zugeordnet. Wann beginnt etwas, das mit diesen Begriffen in Verbindung zu bringen ist? Ab wann bestimmen sie die menschliche Denk- und Handlungsweise?

Interessant ist zunächst die Feststellung, dass häufig gerade die Anbieter des übersinnlichen Marktes, die also auch

---

1 Vgl. Ingolf Christiansen, Rainer Fromm, Hartmut Zinser, Brennpunkt Esoterik. Okkultismus Satanismus Rechtsradikalismus, hg. von der Behörde für Inneres, Arbeitsgruppe Scientology, Hamburg 2004, 5.

die ideologischen Inhalte vermitteln, den Begriff Esoterik nicht immer für sich gelten lassen wollen. Oft ist erkennbar, dass Esoterik und Okkultismus etwas miteinander zu tun haben. Allerdings: Wenn jemand einen praktizierenden Anhänger der Esoterik auf seine okkulten Vorstellungen und Handlungen hinweist, wird der wahrscheinlich kurz und milde lächeln über solche Unwissenheit und dann klarstellen, mit Okkultismus habe das alles nichts zu tun.

Umgekehrt ist feststellbar, dass jemand, der seine okkulten Wahrnehmungen bewusst vertritt, durchaus abstreiten kann, der Esoterik nahe zu stehen. Besonders vehement wehren sich Christen gegen den Esoterik- bzw. Okkultismusverdacht, denn der christliche Glaube und spirituelle Fähigkeiten, die dem Willen Gottes entsprechen, sind aus ihrer Sicht zum großen Teil nur schwer oder gar nicht mit esoterischen Lehren vereinbar.

Schon die Begriffsfindung ist also nicht unproblematisch. Sowohl die Anbieter und Konsumenten als auch die Literatur zu diesem Thema bieten keine eindeutige Auskunft. Manche empfinden den Begriff Esoterik in Abgrenzung zum Okkultismus als vornehmer, andere gehen davon aus, dass man hier alle okkulten Behauptungen und Anwendungen subsumieren kann. Erst recht wird die Diskussion unübersichtlich, wenn die These vertreten wird, man brauche über sogenannte Sekten nicht mehr so viel zu sprechen, da sich inzwischen jeder etwas darunter vorstellen könne, es genügend Aufklärung gebe und außerdem nur eine Minderheit in der Gesellschaft betroffen sei.

Diese Diskussion wurde und wird dem gesamten Problem nicht gerecht. Gerade in den letzten Jahrzehnten hat sich die gesamte Szene extrem gewandelt und entwickelt.

Sicherlich gibt es noch immer die fest organisierten Gruppen, deren Lehren und Glaubensgebilde unter dem Begriff Sekte diskutiert werden. Mit der relativ einfachen Bezeichnung einer Organisation als Sekte wird sie vom Mainstream abgegrenzt und als eine gesellschaftliche Minderheit kategorisiert, deren Anhänger wegen ihrer problematischen Situation zu bedauern seien. Der Sektenbegriff ist jedoch zur Beschreibung des Phänomens sehr problematisch, denn nicht immer sind von Anfang an feste Gruppenstrukturen erkennbar und nicht alle esoterischen Gemeinschaften lassen sich als Sekte bezeichnen. Selten ist bei den Angeboten sofort klar, welche Praktiken angewandt werden, und fast nie gibt es in der Phase der Anwerbung einen Hinweis auf die Absolutheit der Lehre. Es wird also Zeit, sich von dem die Diskussion einengenden Begriff zu lösen.

Esoteriker und Okkultisten sowie ihre Anhänger zeichnen sich dadurch aus, dass sie verschiedene Erklärungen für ihre Existenz und ihre Fähigkeiten bereithalten. Mitunter wird behauptet, dass es sich um Wissen und eine Wissenschaft handele. Es gibt seltene Versuche, ihre Lehren nach wissenschaftlich anerkannten Kriterien zu überprüfen. Da die Organisationen sich hier einerseits regelmäßig entziehen und sie andererseits nur singulär etwas wissenschaftlich belegen können, lautet die klassische Erklärung aus der Szene, ihre Theorie sei eine Weiterentwicklung der Wissenschaften. Gerne folgt auch die Erklärung, das »höhere Wissen« überschreite die Grenzen der bisherigen Forschung und deren Erkenntnisse. Dies kann man wohlwollend als wissenschaftlichen Erklärungsversuch deuten.

Da es aber ganz ohne Glauben auch nicht geht, gibt es natürlich auch Erklärungsansätze Richtung Religion. Dabei wird die esoterische Lehre oder okkulte Ideologie vehement als Glaubenssystem dargestellt, das vor allem an vergessene oder ausgegrenzte Teile von Weltreligionen anknüpft oder vorgibt, diese aus der Vergessenheit hervorzuholen und weiterzuentwickeln. Hier finden sich dann die Entdecker der reinen Bibellehre neben denjenigen, die aus verschiedenen Religionen ihr eigenes esoterisches Süppchen kochen. Angereichert werden diese Angebote gerne mit den ideologischen Ansätzen der New-Age-Bewegung und den vorgeblich so fortschrittlichen alternativen medizinischen Heilmethoden.

Ganz unübersichtlich wird es, wenn Esoterik und Okkultismus dafür in Anspruch genommen werden, quasi die Synthese zwischen Wissen und Glauben, Wissenschaft und Religion zu sein. Hier wird allzu oft die Erwartung formuliert, die »neuen« oder wiederbelebten Erkenntnisse könnten die Trennung zwischen Glauben und Wissen oder Religion und Wissenschaft aufheben.

Diese theoretische und praktische Lage macht es nicht einfach, über die Gefahren aufzuklären. Erschwerend hinzu kommt bei der Vielfalt der sich ideologisch zum Teil überschneidenden Theorien und kommerziellen Angebote, dass Esoteriker und Okkultisten als Ganzes kein verbindliches Miteinander eingehen. Anzumerken ist allerdings, dass immer wieder – manchmal zeitlich begrenzt – Netzwerke und lose Zusammenschlüsse entstehen. Im Grundsatz steht man allerdings in Konkurrenz. Folge dieser undurchsichtigen Breite der Szene ist, dass es praktisch keine Instanz oder Autorität gibt, die für alle Anhänger, Gläubigen und Kunden der Szene sprechen oder gar entscheiden könnten. So bleibt es den betroffenen Personen überlassen zu interpretieren, ob etwas esoterisch oder okkult ist. Aus dieser Entwicklung heraus ergeben sich die Probleme für Einzelne, aber auch für gesellschaftlich relevante Ideologien.

Es ist nicht davon auszugehen, dass die Vergangenheit einen Lernprozess in Gang gesetzt hat. Die Historie der Esoterikbewegung der letzten Jahrzehnte ist voll von tragischen Geschichten, furchtbaren Einzelschicksalen und menschlichen Katastrophen. Führerglaube, bedingungsloser Gehorsam und Angst vor der schlechten Welt oder deren Ende haben zu schrecklichen Verbrechen geführt: Kindesmissbrauch, Verführung zum Suizid, Mord – auch an den eigenen Kindern. Ganz zu schweigen von der nicht bekannten Zahl von Menschen, die sich einer vielleicht das Leben rettenden medizinischen Behandlung verweigert haben, weil die sogenannte Schulmedizin verdammt oder hilfreiche Medikamente als Teufelswerk gebrandmarkt wurden.

Gründe für einen Einstieg in esoterische Organisationen und für den sich immer weiter entwickelnden Markt mit all seinen ideologischen Facetten gibt es einige. Als Beispiele seien genannt: Orientierungslosigkeit, Angst vor sozialer Verantwortung, Selbstzweifel bis hin zu mangelndem oder fehlendem Selbstbewusstsein. Manchmal reichen allerdings schon die Langeweile im als eintönig wahrgenommenen Alltag sowie das Bedürfnis nach irgendeiner Art von Veränderung im Leben.

Vor allem in Deutschland kommt ein wesentlicher politischer Aspekt hinzu. Die christlichen Kirchen sind – zumindest als große Arbeitgeber – immer noch eine Macht im Staat. In den letzten Jahrzehnten hat die Politik die Diskussion um sogenannte Sekten und alles, was mit angeblich religiösem oder spirituellem Ansatz daherkam, auf die Kirchen verlagert. Die Weltanschauungsbeauftragten beider großer Konfessionen bemühen sich seitdem, den Anforderungen irgendwie gerecht zu werden. Staatliche Konkurrenz in diesem Feld wird allerdings von kirchlicher Seite als unangemessen empfunden, da zum christlichen Proprium die Kompetenz gehöre, die Bösen von den Guten zu trennen.

Es liegt auf der Hand, dass diese Verlagerung politischer Zuständigkeit in die Hände der Kirchen eine nicht zu unterschätzende Verantwortung für vergangene Missstände trägt und aktuelle gefährliche Entwicklungen fördert. Vieles ist schon fest verankert in den Köpfen der esoterisch Geschulten und in deren Alltag angekommen. Jedoch hat keine dieser Ideologien etwas mit der freiheitlichen und demokratischen Entwicklung einer Gesellschaft zu tun. Wir sind auf einem Niveau des politischen Irrationalismus angekommen, das endlich ernst genommen werden muss.

Zunehmend fundamentalistisch ausgelegte christliche Werte, Menschen verachtende Theorien des New Age und die Sehnsucht nach schnellen Lösungen für die privaten und globalen Probleme bedrohen den demokratischen Frieden empfindlich. Ein klares Feindbild ist dabei schon fast selbstverständlich. Die Gegner, die je nach Schwerpunkt der eigenen Auffassung das eigene Wohl und das der Gesellschaft gefährden, sind schnell gefunden. Es sind immer die anderen, die Andersdenkenden oder Andersgläubigen. Die Sprache der gesamten Szene ist unmissverständlich. Sie sollte nur im Zusammenhang wahrgenommen und nicht mehr aufgeteilt werden in einige schlimme Auswüchse und andere angeblich harmlose Spinnereien. Bei der Gesamtschau kommt man an der Entwicklung des politischen Irrationalismus nicht mehr vorbei. Leidtragende dieser gefährlichen ideologischen Entwicklung sind in zunehmendem Maße die muslimischen Bürger unseres Landes. Sie spüren die gesellschaftliche Entwicklung in Richtung politischen Irrationalismus. Die breite Front der ideologischen Esoteriker und christlichen Fundamentalisten profitieren von der Findung eines gesellschaftlichen Feindbildes namens Islam.

Guten Grund haben eigentlich alle demokratischen Kräfte in diesem Land, sich strenggläubiger Auslegung der Bibel genauso entgegenzustellen wie den esoterischen, magischen Ansprüchen dieser Szene. Demokratische Willensbildung klingt irgendwie anders: »Hauptziel der magischen Arbeit ist der Kontakt mit dem höheren Selbst, denn es ist die allerhöchste Gerichts- und Entscheidungsinstanz, der einzige wahre Meister und damit auch der eigentliche Magier«.[2] An ihnen und nicht etwa an der breiten ideologischen Front der Esoteriker oder christlichen Fundamentalisten wird die gesellschaftliche Tendenz Richtung Irrationalismus deutlich.

---

2 (Butler, Walter, E. Die hohe Schule der Magie. Über die Kunst, willentlich Bewusstsein zu verändern, esotera Taschenbuch, 1997, Rückseite)

Sekte – der notwendige Abschied von einem Begriff

Die Sekte ist ein sehr alter Begriff, der bis heute durchaus für Verwirrung sorgen kann. Inzwischen kann vermutlich fast jeder Erwachsene mit diesem Begriff etwas anfangen, ohne sich der Hintergründe, die in der Diskussion notwendig sind, bewusst zu sein. In der allgemeinen Wahrnehmung ist das Wort Sekte zweifellos negativ konnotiert. Allerdings ist damit häufig ein Problem verbunden, das zu selten in diesem Zusammenhang diskutiert wird. Betroffene sehen sich, auch nach einem Bruch mit der sektiererischen Gemeinschaft, einer gesellschaftlichen Diskriminierung ausgesetzt. Zum einen sind viele Menschen fest davon überzeugt, sie persönlich könnten niemals in eine Sekte geraten. Zum anderen wird betroffenen Personen schnell unterstellt, sie seien ohnehin gesellschaftlich nicht zurecht gekommen. Die am häufigsten vertretene These ist wohl diese: Ein Mensch muss labil sein oder sich in einer Lebenskrise befinden, um sich einer Sekte anzuschließen. In den letzten zehn bis fünfzehn Jahren wird auch gerne auf die vermeintlich weit verbreitete neue Sinnsuche verwiesen.

Solche Vermutungen mögen bei der einen oder anderen als Sekte bezeichneten Gruppe und bei einzelnen Personen stimmen. Die aber in der Regel sehr allgemein formulierten Beschreibungen der unterschiedlichen Gruppen deuten eher auf eine Abgrenzung von als gesellschaftlich korrekt wahrgenommenen Verhaltensweisen hin. In den letzten Jahrzehnten haben sich vermeintlich für alle Gruppen geltende Merkmale in die allgemeine Diskussion eingeschlichen. Wenn allein formale Kriterien zur Feststellung eines eventuell vorhandenen

Gefahrenpotenzials für Mensch und Gesellschaft ausreichen, macht man es sich zu leicht. Bei fast allen Gruppierungen, die unter den Begriff der Sekte subsumiert werden, gibt es bestimmte Parallelen, aber häufig macht nur die genaue Kenntnis des Innenlebens die wirkliche Gefahr deutlich. Diesen internen Bereich zu durchschauen ist nicht einfach, da die Initiatoren solcher Gruppen verständlicherweise genau dies zu verhindern suchen. Damit ist allerdings auch eine formale Vorgabe für die Einschätzung der Gefährdung erfüllt: Personen, die nicht der Gruppe angehören, oder die gesamte Außenwelt sind je nach Ausrichtung der Sekte entweder feindlich und böse oder noch nicht in der Lage, die guten Ideen zu erkennen.

Man könnte sich also bei der Beschreibung von Gruppen, die bestimmte Merkmale aufweisen, vielleicht noch auf den allgemeinen Sektenbegriff verständigen, aber das setzt gleichzeitig eine gewisse Kenntnis und Einstellung zu den Ideen und Verhaltensweisen dieser Gruppen voraus.

Die Gleichsetzung des Begriffs Sekte mit einer fest gefügten Gruppe wird dem Phänomen nicht gerecht, zumal oft vernachlässigt wird, wer die Zuordnung vornimmt und welche Position oder ideologische Herkunft er oder sie hat. Ab wann ist eine ideologische Gemeinschaft mit oder ohne religiösen Ansatz eine Sekte?

Es lohnt sich also, etwas mehr Klarheit in diese immer wiederkehrende Debatte um die sogenannten Sekten zu bringen, besonders deshalb, weil von kirchlicher Seite in Deutschland problematische Gruppen mit Bezug auf die christliche Lehre von der Diskussion häufig ausgegrenzt werden.

Eines ist dabei unbestreitbar: Der Begriff hat etwas mit Religion oder Glaubensinhalten zu tun, und das schon seit langer Zeit.

Das Brockhaus-Lexikon gab bereits vor 125 Jahren folgende Erläuterung:»Sekten nannte man ursprünglich die philos. Schulen, welche durch Verschiedenheit ihrer Prinzipien und Methoden gegeneinander sich abschlossen. Im kirchlichen Sprachgebrauch wurde das Wort auf die kleineren religiösen Parteien übertragen, die wegen Verschiedenheit in Lehre, Kultus und Sitte von den großen Kirchengemeinden sich absonderten. Nicht nur das Christentum, sondern alle ausgebildeten Religionen haben S. aufzuweisen. Die Anhänger einer S. heißen S e k t i e r e r«.[3] Sektierer also. Schon 1886 wird damit die Ausgrenzung vom großen Ganzen formuliert. Die negative Zuordnung hat Geschichte.

Was eine Gruppe zu einer Sekte macht, füllt viele Bücher, Vorträge und Internetseiten. In der Beratungsarbeit fällt auf, dass Klienten im Zusammenhang mit Auffälligkeiten einer veränderten Lebensweise von Angehörigen häufig nachfragen, ob die Person, um die sie sich sorgen, Mitglied einer Sekte sein könnte. Falls sich im Laufe des Gesprächs durch Nachfragen ergibt, dass die klassische Sektendefinition in diesem Fall nicht passt, zeigen die Klienten häufig ihre Erleichterung, weil nach ihrer Einschätzung dann keine Gefahr droht. Welcher Irrtum damit verbunden sein kann, wird später aufgezeigt.

Wenn allerdings der Begriff Sekte verwendbar erscheint, wird die Verstrickung in ideologische Gemeinschaften als Gefährdung wahrgenommen, und zwar sowohl nach Meinung einzelner Menschen als auch in der Öffentlichkeit.

Wer sich an der Debatte um sogenannte Sekten beteiligt oder beruflich mit ihren Opfern in Berührung kommt, ist ir-

---

3 Brockhaus Conversations-Lexikon in sechzehn Bänden. Allgemeine deutsche Real-Encyklopädie, Vierzehnter Band, Stichwort»Sekten«, Leipzig 1886.

gendwann gezwungen, sich mit Definitionen auseinanderzusetzen. Die amerikanische Psychologin Margaret Thaler Singer unterscheidet mehrere Merkmale: »Für den Begriff Sekte, wie ich ihn hier gebrauche, sind drei Faktoren von Relevanz: 1. Die Entstehung der Gruppe und die Rolle des Führers, 2. die Machtstruktur, also die Beziehung zwischen dem Führer (oder den Führern) und den Anhängern, 3. der systematische Einsatz von Überredungs- und Überzeugungstechniken (Techniken der mentalen Programmierung, im allgemeinen Sprachgebrauch auch Gehirnwäsche genannt)«.[4]

Der Historiker und Psychiater Robert Jay Lifton leitet das Forschungszentrum für Gewalt und menschliches Überleben am New Yorker John Jay College und analysiert die Gefahren, die im 21. Jahrhundert drohen: »Ich bin mir bewußt, daß der Gebrauch des Begriffs ›Sekte‹ (cult) wegen seines abschätzigen Beiklangs im Unterschied zum neutraleren Begriff ›neue Religion‹ umstritten ist. Ich gebrauche in diesem Buch beide Termini, doch ebenso wie in meinen früheren Arbeiten verwende ich den Begriff ›Sekte‹ nur für Gruppen, die folgende drei Merkmale aufweisen: totalitäre Praktiken oder Formen der Gehirnwäsche, statt einer Verehrung spiritueller Prinzipien die Verehrung eines Gurus oder Führers und eine Verbindung aus spiritueller Suche von unten und – zumeist ökonomischer und/oder sexueller – Ausbeutung von oben.«[5]

Aber nicht nur im psychologischen Kontext wie bei Margaret Singer oder in der Absetzung zu den sogenannten neuen Religionen wie bei Robert Lifton findet sich der Begriff Sekte. Es scheint, dass die so negativ besetzte Bezeichnung

---

4   Margaret Thaler Singer / Janja Lalich, Sekten: Wie Menschen ihre Freiheit verlieren und wiedergewinnen können, Heidelberg 1997, 34, zitiert nach: http://www.agpf.de/Begriff. htm.

5   Robert Jay Lifton, Terror für die Unsterblichkeit. Erlösungssekten proben den Weltuntergang, München 2000, 17 (Fußnote), zitiert nach: http://www.agpf.de/Begriff.htm.

gerne zur Beschreibung vieler unbegreiflicher oder schwer erklärbarer Vorkommnisse und als ultimativer Ausdruck für den Schrecken benutzt wird, der von solchen Gruppierungen offenbar ausgeht. So begegnet man dem Begriff auch im politischen Kontext, wenn ein großes Hamburger Nachrichtenmagazin im Zusammenhang mit der Diskussion um die Rote Armee Fraktion (RAF) in den 1970er Jahren schreibt:

»Haddads Angebot läutete das Finale des ›Deutschen Herbstes‹ ein. An seinem Ende, vor 25 Jahren, waren weitere acht Menschen tot, zwei schwer verletzt und die letzten Reste der Fassade, die die RAF als politische Gruppierung erscheinen ließen, waren zerstört. In ihrem Totentanz entpuppte sich die selbst ernannte ›Stadtguerilla‹ als Sekte, deren Revolutionshalluzinationen auf ein einziges Ziel zusammengeschnurrt waren: Die Befreiung ihrer Götter, allen voran Andreas Baader …«.[6]

Hier wird deutlich, dass auch aktuelle politische Ereignisse und darin verwickelte Personen zur Sekte werden können. In einer anderen Ausgabe des Nachrichtenmagazins wird der ehemalige Bundesvorsitzende der Grünen, Reinhard Bütikofer, zitiert mit der Formulierung, die Truppe um die damaligen US-amerikanischen Politiker Rumsfeld und Wolfowitz sei eine »politische Sekte«[7].

In die Politik und die dazu gehörende Berichterstattung hat der Begriff in den unterschiedlichsten Zusammenhängen Eingang gefunden. Mit der klassischen Auseinandersetzung hat sich der Deutsche Bundestag ebenso

---

6 Der Spiegel 44/2002: **Wie die Palästinenser die Rote Armee Fraktion unterstützten: Pakt des Terrors, zitiert nach:** http://www.agpf.de/Begriff.htm.

7 Vgl. Der Spiegel 11/2003: Im Hamburger Rathaus versuchen ein Grünen-Chef und eine US-Generalkonnsulin, zwei Kontinente zu versöhnen: Fette Mutter Europa, zitiert nach: http://www.agpf.de/Begriff.htm.

beschäftigt wie mit der Definition des Sektenbegriffs. Die Enquete-Kommission, die seinerzeit auf Antrag der SPD-Bundestagsfraktion eingesetzt wurde (1996 bis 1998), machte in ihrem Endbericht[8] zunächst den Versuch, dem Begriff von unterschiedlichen Seiten gerecht zu werden, um dann vorzuschlagen, sich ganz von ihm zu verabschieden. Dies war ein gescheitertes Vorhaben, wie sich anschließend gezeigt hat. Das nach mühsamen Debatten in der Enquete-Kommission gefundene Wortungetüm »neureligiöse, ideologische Gemeinschaften und Psychogruppen« kommt der Problematik schon näher, da es eine Differenzierung vornimmt. Klarheit jedoch sieht anders aus. Beerdigt wurde der Begriff »sogenannte Sekten und Psychogruppen«. Verwendet werden die Termini Sekte und Psychogruppe immer noch, weil sie eingängig und fest im Sprachgebrauch verhaftet sind. Den Forderungen eines anderen Umgangs mit der Formulierung, um der gesellschaftlichen Relevanz der Problematik Rechnung zu tragen, ist die Kommission damit in keiner Weise gerecht geworden. Diese Forderungen hat Wolfgang Hübner sehr treffend zusammengefasst: »Um die kritische Rezeption (zum Sekten- und Psychomarkt – die Verf.) zu erhöhen, bedarf es: eines gewandelten Problembewusstseins in der Öffentlichkeit und in der Politik, der Bereitschaft der zuständigen Stellen, ihre Beratung u. a. auf sozialwissenschaftliche Erkenntnisse zu gründen, eines veränderten Sprachgebrauchs über die Sekten, der Einrichtung verschiedener Forschungsschwerpunkte zur differenzierten Untersuchung der Vielgestaltigkeit, einer Vermittlungsinstanz für diese systematischen Arbeiten und des Transfers

---

8 Vgl. Endbericht der Enquete-Kommission »Sogenannte Sekten und Psychogruppen«, Deutscher Bundestag, 13. Wahlperiode (1994-1998), Drucksache 13/10950.

des erarbeiteten Wissens aus Forschung und Lehre in die Beratungspraxis wie in die Öffentlichkeit.«[9]

Seit dem Jahr 1996 hat sich an diesen Forderungen nichts geändert, weil nicht daran gearbeitet wurde, diese Forderungen auch nur im Ansatz zu erfüllen. Die seitenlangen Forderungen der Enquete-Kommission des Deutschen Bundestages liegen vor, keine davon ist umgesetzt, nicht eine.

Geradezu klassisch wurde dem Bericht der Kommission im parlamentarischen Geschäft eine Beerdigung dritter Klasse zuteil: Er kreiste in den Ausschüssen, dann kam die Bundestagswahl, und alles fiel der sogenannten Diskontinuität zum Opfer. Das Thema war zumindest politisch erledigt, und die Szene konnte sich in Ruhe weiter ausbreiten und mehr und mehr Opfer hervorbringen.

Bei einem Blick in das Nachbarland Frankreich kann man neidisch werden. Auch dort hat sich die Nationalversammlung mehrfach mit der gesellschaftlichen Problematik befasst. Die Berichte des Parlaments wurden jedoch ernst genommen und zum Teil in Gesetze gegossen. So kann z. B. in Frankreich auch eine Körperschaft (Vereine, Firmen etc.) bei strafbaren Handlungen zur Rechenschaft gezogen werden. In Deutschland kennt das Strafgesetzbuch nur den Einzeltäter. Die Enquete-Kommission hat dieses Manko erkannt. Allerdings wurde die Forderung der Einführung einer strafrechtlichen Verantwortung für juristische Personen und Vereinigungen im Gegensatz zu Frankreich nie umgesetzt.[10] Eine Verhängung von Strafen, Maßregelungen oder andere Sanktionen gegen kriminelle Unternehmen, Vereine oder sonstige Personenzusammenschlüsse ist somit noch

9   Wolfgang Hübner, Einführung, in: Politische Studien, hg. von der Hanns-Seidel-Stiftung, 346/1996.

10 Vgl. den Endbericht der Enquete-Kommission »Sogenannte Sekten und Psychogruppen«, Deutscher Bundestag, 13. Wahlperiode (1994-1998), Drucksache 13/10950, 296.

nicht möglich. Natürlich gibt es auch in Frankreich politisch noch einiges auf diesem Feld zu tun, allerdings unterscheidet die beiden Nachbarländer etwas Grundsätzliches: die Trennung von Staat und Kirche. Der Laizismus ist in Frankreich politischer Wille und wird von den Menschen konsequenter gelebt als in vielen anderen Ländern, die Gleiches von sich behaupten. In Deutschland gibt es keine wirkliche Trennung von Staat und Kirche. Bei keiner anderen gesellschaftlichen Diskussion wie der um die sogenannten Sekten wird es so offenbar. Dies hängt maßgeblich damit zusammen, dass wohl die Mehrheit der Bundesbürger selbstverständlich von einem religiös neutralen Staat ausgeht und davon, dass die christlichen Kirchen einzig und allein am Wohlergehen ihrer Mitglieder interessiert seien. Aber Kirchen und Religionsgemeinschaften sind niemals unpolitisch, sondern immer bestrebt, Einfluss auf politische Entscheidungen zu nehmen.

Der allgemeine Irrtum der vermeintlichen Trennung von Kirche und Staat hat seine Grundlage im Artikel 4 des deutschen Grundgesetzes (GG), der, so die allgemeine Wahrnehmung, vermeintlich religiöse Institutionen vor Eingriffen des Staates schützt und dafür sorgt, dass die Kirchen sich auf die ihnen zugedachten Aufgaben konzentrieren.

Er schützt allerdings keine Gemeinschaften, sondern die Individuen vor Eingriffen des Staates hinsichtlich ihres Glaubens. »Die Freiheit des Glaubens, des Gewissens und die Freiheit des religiösen und weltanschaulichen Bekenntnisses sind unverletzlich. Die ungestörte Religionsausübung wird gewährleistet.«[11] Kein Wort darüber, dass dies nur in einer Gemeinschaft zu gewährleisten ist. Das Gegenteil ist der Fall. Der Staat hat sich nicht darum zu kümmern, ob der einzelne Bürger seines Landes an intergalaktische Kriege, an

---

11 Grundgesetz der Bundesrepublik Deutschland, Artikel 4, Abs. 1-2.

einen Gott oder mehrere Götter oder an Satan glaubt. Auch wenn ein Mensch in Deutschland seine Tulpen im Garten anbetet und ihnen spirituelle Kräfte zuordnet, ist das gedeckt von der Freiheit des individuellen Glaubens, und das Niederknien vor den Tulpen ist als ungestörte Religionsausübung frei von staatlichen Sanktionen.

Andererseits bedeutet der Artikel 4 des Grundgesetzes keinen Freibrief, hinter dem sich sämtliche Aktivitäten verstecken können. In dem Moment, wo andere Menschen betroffen sind und im Namen der individuellen Ausübung des Glaubens juristische Grenzen verletzt werden, endet auch hier die Freiheit.

Die Regelungen für Glaubensgemeinschaften finden sich in den Artikeln 136-139 und 141 der Weimarer Reichsverfassung (WRV).

»Artikel 136: Die bürgerlichen und staatsbürgerlichen Rechte und Pflichten werden durch die Ausübung der Religionsfreiheit weder bedingt noch beschränkt. Der Genuss bürgerlicher und staatsbürgerlicher Rechte sowie die Zulassung zu öffentlichen Ämtern sind unabhängig von dem religiösen Bekenntnis. Niemand ist verpflichtet, seine religiöse Überzeugung zu offenbaren. Die Behörden haben nur soweit das Recht, nach der Zugehörigkeit zu einer Religionsgesellschaft zu fragen, als davon Rechte und Pflichten abhängen oder eine gesetzlich angeordnete statistische Erhebung dies erfordert. Niemand darf zu einer kirchlichen Handlung oder Feierlichkeit oder zur Teilnahme an religiösen Übungen oder zur Benutzung einer religiösen Eidesform gezwungen werden. Artikel 137: Es besteht keine Staatskirche. Die Freiheit der Vereinigung zu Religionsgesellschaften wird gewährleistet. Der Zusammenschluss von Religionsgesellschaften innerhalb des Reichsgebiets unterliegt keinen Beschränkungen. Jede Religionsgesellschaft ordnet und verwaltet ihre Angelegenheiten selbständig innerhalb der Schranken des für alle geltenden Gesetzes. Sie verleiht ihre Ämter ohne Mitwirkung des Staates oder der bürgerlichen Gemeinde. Religionsgesellschaften erwerben die Rechtsfähigkeit nach den allgemeinen Vorschriften des bürgerlichen Rechts. Die Religionsgesellschaften bleiben Körperschaften des öffentlichen Rechts, soweit sie solche bisher waren. Anderen Religionsgesellschaften sind auf ihren Antrag gleiche Rechte zu gewähren, wenn sie durch ihre Verfassung und die Zahl ihrer Mitglieder die Gewähr der Dauer bieten. Schließen sich mehrere derartige öffentlich-rechtliche Religionsgesellschaften zu einem Verbande zusammen, so ist auch dieser Verband eine öffentlich-rechtliche Körperschaft. Die Religionsgesellschaften, welche Körperschaften des öffentlichen Rechts sind, sind berechtigt, auf Grund der bürgerlichen Steuerlisten nach Maßgabe der landesrechtlichen Bestimmungen Steuern zu erheben. Den Religionsgesellschaften werden die Vereinigungen gleichgestellt, die sich die gemeinschaftliche Pflege einer Weltanschauung zur Aufgabe machen. Soweit die Durchführung dieser Bestimmungen eine weitere Regelung erfordert, liegt diese der Landesgesetzgebung ob.

Artikel 138: Die auf Gesetz, Vertrag oder besonderen Rechtstiteln beruhenden Staatsleistungen an die Religionsgesellschaften werden durch die Landesgesetzgebung abgelöst. Die Grundsätze hierfür stellt das Reich auf. Das Eigentum und andere Rechte der Religionsgesellschaften und religiösen Vereine an ihren für Kultus-, Unterrichts- und Wohlfahrtszwecke bestimmten Anstalten, Stiftungen und sonstigen Vermögen werden gewährleistet.

Artikel 139: Der Sonntag und die staatlich anerkannten Feiertage bleiben als Tage der Arbeitsruhe und der seelischen Erhebung gesetzlich geschützt. Artikel 141: Soweit das Bedürfnis nach Gottesdienst und Seelsorge im Heer, in Krankenhäusern, Strafanstalten oder sonstigen öffentlichen Anstalten besteht, sind die Religionsgesellschaften zur Vornahme religiöser Handlungen zuzulassen, wobei jeder Zwang fernzuhalten ist.«[12]

In Bezug auf die Bekenntnis- und Religionsfreiheit in Deutschland wird deswegen der Artikel 4 GG immer in Verbindung mit Art 136-139 und 141 WRV genannt. Aus der Weimarer Zeit stammen die übernommenen Privilegien, die nach diesen Artikeln die Gemeinschaften erhalten, die danach Körperschaften des öffentlichen Rechts geworden sind. Die christlichen Kirchen wollten auf ihre Privilegien aus der Weimarer Zeit nicht verzichten. Aus diesen Artikeln, nicht aus Artikel 4 GG, leitet sich unter anderem das Recht ab, Kirchensteuer über das staatliche Finanzamt einzuziehen, im öffentlich-rechtlichen Rundfunk und Fernsehen den Glauben zu verkünden und an staatlichen Schulen Religionsunterricht zu erteilen.

Da die wenigsten Menschen mit dem Grundgesetz unter dem Arm ihrer täglichen Arbeit nachgehen und die Diskussion um Religion und Glaube in der Regel im Zusammenhang mit Institutionen geschieht, ist es verständlich, wenn selten differenziert wird. Dadurch können auch sehr umstrittene Gemeinschaften, die von sich behaupten, irgendeine Form von Religionsausübung zu tätigen, in der Öffentlichkeit zunächst viel Sand in das Diskussionsgetriebe streuen, bis erkannt werden kann, dass hinter der angeblichen Religion andere Interessen stecken.

Die christlichen Kirchen haben bei der Fassung des Grundgesetzes der Bundesrepublik Deutschland mit der

---

12 Verfassung des Deutschen Reichs (Weimarer Reichsverfassung), 1919.

Übernahme der Vorschriften aus der Weimarer Reichsverfassung mit dafür gesorgt, dass nicht nur ihre Privilegien aus der damaligen Zeit erhalten blieben, sie haben darüber hinaus erreicht, dass es eine klare Trennung zwischen Staat und Kirche nicht gibt. Daran soll auch politisch nichts geändert werden. In der Enquete-Kommission des Deutschen Bundestages hat sich nur die Arbeitsgruppe der SPD-Bundestagsfraktion, bestehend aus Abgeordneten und Sachverständigen, in einem Sondervotum dafür ausgesprochen, dem Deutschen Bundestag einen Prüfauftrag zu empfehlen, sich den in diesem Zusammenhang entscheidenden Artikel 140 GG verfassungsrechtlich anzusehen.[13] Die Empfehlung beinhaltet die ausdrückliche Aufnahme von Kriterien wie Rechtstreue und die Loyalität gegenüber dem demokratisch verfassten Staat als Voraussetzungen für die Anerkennung als Körperschaft des öffentlichen Rechts bei Religionsgemeinschaften.[14]

Da selbst die mit großer Mehrheit (in der Regel gegen die Stimme der Abgeordneten von Bündnis 90/Die Grünen) verabschiedeten Handlungsempfehlungen der Kommission keine Umsetzung im Deutschen Bundestag erleben, gilt dies natürlich erst recht bei einem Sondervotum einer einzelnen Partei.

Solange aber die großen christlichen Konfessionen in der Politik so viel Einfluss haben, wird es – so steht zu befürchten – in Deutschland keine klaren Entscheidungen im Sinne der Opfer geben bzw. keinen Verbraucherschutz auf dem sogenannten Psychomarkt. Hören wir endlich mit der Behauptung auf, den Menschen schadeten nur solche

---

13 Art. 140 GG: »Die Bestimmungen der Artikel 136, 137, 138, 139 und 141 der deutschen Verfassung vom 11. August 1919 sind Bestandteil dieses Grundgesetzes.«

14 Vgl. Endbericht der Enquete-Kommission »Sogenannte Sekten und Psychogruppen«, Deutscher Bundestag, 13. Wahlperiode (1994-1998), Drucksache 13/10950, 307.

Ideologien und Gruppen, die von den christlichen Kirchen als gefährlich und sektiererisch eingestuft werden. Die Diskussion muss von politischer und gesellschaftlicher Seite endlich aufgebrochen werden, damit die Kirchen endlich Verantwortung für die Bereiche übernehmen, von denen sie sich bisher erfolgreich abgesetzt haben. Andernfalls wird es weiterhin okkulte und esoterische Ansätze in Verbindung mit christlicher Glaubenslehre geben und entsprechende Gemeinschaften, die Menschen in die Abhängigkeit führen und mit freien, demokratischen Grundsätzen unvereinbar sind. Dies ist umso dringlicher, da in der Bundesrepublik Deutschland eine Verfestigung von Glaubensinhalten aller Art und eine zunehmende demokratieabträgliche gesellschaftliche Entwicklung zugunsten von Glaubensideologien feststellbar sind.

Christliche Lehre und die Folgen

Es mag auf den ersten Blick in ein Schwarzbuch Esoterik nicht hineingehören, aber es ist notwendig, endlich darüber nachzudenken, dass konsequentes politisches Vorgehen für die Menschen in Deutschland und gegen ideologische Tendenzen bezüglich der im Grundgesetz garantierten Selbstbestimmung sehr viel mit der historisch gewachsenen Situation in diesem Land zu tun hat. Eine unkritisch hingenommene Entwicklung machte viele Missstände in der Vergangenheit und bis heute erst möglich.

Dass die christlichen Gemeinschaften selbstverständlich an staatlichen Autoritäten vorbei ihr eigenes Rechtssystem für völlig legitim halten, zeigt die immer noch anhaltende Diskussion um Opfer in katholischen und evangelischen Einrichtungen.

Wahrscheinlich hat es vielen Menschen erst die Augen geöffnet, als die Bundesjustizministerin im Jahr 2010 (!) den Hinweis für nötig hielt, die Verfolgung von Straftaten von wem auch immer sei eine Angelegenheit des Staates. Anlass war die Diskussion um die sexuellen Übergriffe in der katholischen Kirche. Auch diese Informationen waren ja nicht neu. Immer wieder waren in der Vergangenheit Fälle von sexualisierter Gewalt in katholischen Kreisen öffentlich geworden. Aber erst in der jüngst geführten Diskussion erfuhr die breite Öffentlichkeit, dass die katholische Kirche für sich das Recht in Anspruch nimmt, zu entscheiden, wann und bei welchen Straftaten die Staatsanwaltschaft eingeschaltet wird. Diese für die Kirche selbstverständliche Denkweise, solche Fälle intern zu regeln, macht allzu deutlich, dass die Abstimmung zwischen Staats- und Kirchenrecht in Deutschland noch nicht vollständig ist. Wie viele Straftäter in den Reihen der katholischen, aber auch der evangelischen Kirche sind bisher ungestraft davongekommen? Wird die deutsche Gesellschaft das je erfahren?

Viele halbherzige Diskussionen um sogenannte Sekten und esoterische Gemeinschaften wären ohne die Irritationen über die Kirchen nicht möglich. An den Deutschen sind die politischen Umbrüche des 19. Jahrhunderts vorbeigegangen. Es gab keine erfolgreiche bürgerliche Revolution, die die durch Bismarck gestaltete Nation der Deutschen zu einer demokratischen Gesellschaftsordnung geführt hätte. Das Obrigkeitsdenken war Bestandteil der deutschen Gesinnung und ist es geblieben. Zwangsläufig wird die Entwicklung der Moderne vor allem beim Bildungsbürgertum mit großer Skepsis und mit Unbehagen betrachtet. Der sich entwickelnde Liberalismus gilt u. a. als Wurzel des Übels. Gesellschaftliche Veränderungen und damit verbundene Krisen, die vor allem durch die ökonomische Entwicklung der Industrialisierung hervorgerufen wurden, werden seit jeher als Sinnkrisen empfunden oder zumindest so gedeutet. Im Zusammenhang mit solchen Erklärungsmustern entstand eine politische Ideologie, die als Irrationalismus bezeichnet wird.

»Irrationalismus liegt in unserem Zusammenhang dann vor, wenn politische Anschauungen außerhalb von Vernunft und Rationalität angesiedelt sind und demgegenüber von Vorurteilen, Emotionen, Lügen oder Halbwahrheiten geprägt sind. Die Äußerung ›Die Juden sind unser Unglück‹ ist eine typische Wendung des politischen Irrationalismus. Sie knüpft an bestehende Vorurteile an, schürt Angst und Haß und ist durch nichts, aber auch gar nichts zu begründen. Die

Esoterik ist eine Form des Irrationalismus, wobei ihre Apologeten allerdings von sich behaupten, Zugang zum Übersinnlichen zu haben. Das, was sie sagen, wird als Wahrheit der Auserwählten gepriesen. So ist z.b. die Blut-und-Boden-Ideologie der Nazis nicht nur irrational, sondern auch esoterisch, denn wer von der ›magischen Kraft des arischen Blutes‹ redet, appelliert nicht nur an Vorurteile und Gefühle, sondern bringt den Bereich des Übersinnlichen mit ins Spiel.«[15]

Bei dem zurzeit in fast inflationärer Weise in Medien und Publikationen beschworenen Bild der momentan herrschenden Sinnkrisen ist es bei einem Blick in die Vergangenheit nicht verwunderlich, dass die Gesellschaft sich geradewegs wieder in eine Phase des Irrationalismus begibt, wenn sie nicht schon längst darin steckt. Die Zeichen sind unübersehbar, wenn sie nicht verdrängt werden. Ganze Heerscharen von Menschen befinden sich auf der Suche nach dem Sinn des Lebens, auf der Suche nach ganzheitlichem Sein, nach Übersinnlichem und Hilfsmitteln aus dem Irrationalen oder dem Glauben für die Bewältigung der eigenen Existenz.

Einmal ist es die Verbundenheit mit den Gesetzen der Natur, ein anderes Mal wird der Kampf um den Erhalt der göttlichen Schöpfung beschworen, um irrationales Denken und Verhalten zu rechtfertigen. Die Vertreter der christlichen Kirchen grenzen irrationalistisches Verhalten gerne ab von ihrem Glauben, ihrem Handeln und ihrem Einfluss auf diese Entwicklung. Selbstverständlich allerdings nehmen sie mit Freude zur Kenntnis, dass in den letzten Jahren der

---

15 Thomas Ewald, Esoterik – eine historische Betrachtung, in: Thomas Ewald/Hans-Gerd Jaschke/Hartmut Zinser, Esoterik und New Age. Herausforderungen an die Jugend- und Erwachsenenbildung, Hessische Landeszentrale für politische Bildung, Nr. 20, Wiesbaden 1996, 2.

Ruf nach den sogenannten christlichen Werten immer lauter wird. Wahrscheinlich assoziieren die meisten Menschen damit das jüdisch-christliche Gebot der Nächstenliebe. Vergangenheit und Gegenwart zeigen allerdings, dass davon bei den sich auf das Christentum berufenden Vertretern im breiten Feld der sogenannten neureligiösen oder ideologischen Gemeinschaften, aber auch auf dem nicht davon trennbaren Esoterikmarkt nicht viel zu hören oder zu lesen ist. Da gibt es schon eher Anleihen an andere Vorgaben aus dem Buch der Bücher.

Die Bibel liefert nicht nur die Interpretation eines liebenden, vergebenden Gottes und seines Sohnes, der mit einer Botschaft des Friedens auf dieser Erde unterwegs war. Sie kann auch Vorlagen liefern für die scheinbare Begründung von Ausgrenzung und kriegerischen Auseinandersetzungen. Das Christentum nur als friedliche Religion zu sehen, ist leider irreführend. Auch das Christentum nimmt für sich in Anspruch, die »wahre« Religion zu sein, und bei Verinnerlichung dieses Anspruches werden die nichtfriedlichen Interpretationen sichtbar.

»Im Laufe der abendländischen Geschichte sind sehr viele Kriege unter Berufung auf die Johannisoffenbarung geführt worden. Grauenvolle Blutorgien waren die Folge wie beim ersten Kreuzzug in Jerusalem (1096-1099) und beim vierten Kreuzzug in Konstantinopel (1202-1204). Im Dreißigjährigen Krieg (1618-1648) schlugen Katholiken und Protestanten aufeinander ein, bis sie halb Europa verwüstet hatten.«[16]

Politisch können die Vorgaben aus der Bibel problemlos als Begründung für Auseinandersetzungen hervorgeholt

16 Victor und Victoria Trimondi, Krieg der Religionen. Politik, Glaube und Terror im Zeichen der Apokalypse, München 2006, 18.

werden. Nicht nur die Offenbarung des Johannes liefert Vorlagen im Kampf gegen das unchristliche Böse. In den Evangelien findet sich Ähnliches bei Matthäus und Markus in den sogenannten apokalyptischen Reden.[17] Dort wird geschildert, wie Kriege und Kriegsgerichte, Erdbeben und Hungersnöte, Verfolgungen und Vertreibungen, Verfinsterungen von Sonne, Mond und Sternen die »Letzten Tage« einleiten. »Die Partei des Guten wird angeführt von einem militanten, man darf wohl sagen, ziemlich monströs wirkenden Jesus Christus, der in verschiedenen Gestalten auftritt. [...] Das Lamm Gottes (Christus) öffnet die sieben Siegel eines geheimnisvollen Buches, in dem die Plagen, welche in der Endzeit auf die Menschheit hereinbrechen werden, aufgeschrieben sind. [...] Die Hauptvernichtungsarbeit aber leisten, nach der Öffnung weiterer Siegel, verschiedene Zornes-, Rache- und Zerstörungs-Engel. [...] Nachdem schon zwei Drittel alles irdischen Lebens vernichtet wurden, kommt es in Armageddon zur kosmischen Entscheidungsschlacht zwischen Gut und Böse. Die Guten siegen, wie sollte es anders sein.«[18]

Die christlichen Werte können also durchaus zu anderen Interpretationen anregen. Der immer wieder beschriebene, angebetete Gottessohn, der gelitten hat, um die Sünden der Menschheit und der Welt auf sich zu nehmen, bekommt dann das Gesicht eines rachsüchtigen Messias. Damit verbunden ist die Botschaft, der christliche Gott habe seinen Sohn beauftragt, diesen Glauben als wahre Rettung für die Menschheit zu erkämpfen, um das vorhergesehene Tausendjährige Reich entstehen zu lassen.

---

17 Vgl. Mt 24; Mk 13.
18 Victor und Victoria Trimondi, Krieg der Religionen. Politik, Glaube und Terror im Zeichen der Apokalypse, München 2006, 16f.

Natürlich ist es leicht, diese Christus-Variante von kirchlicher Seite als nicht relevant für die christliche Lehre zu bagatellisieren. Dies fällt umso leichter, da die große Mehrheit der Christen mit dem Bild des gütigen Sohnes Gottes aufgewachsen ist. Aber es dürfte kaum zu leugnen sein, dass das andere Bild in der Lehre ebenso verankert ist und sich jederzeit, wenn es opportun erscheint, auch benutzen lässt. Dies haben in der Vergangenheit vor allem die Kreuzzüge und Religionskriege bewiesen. Das Ziel, ein christliches Paradies auf der Erde zu erhalten und nach den großen Katastrophen zu den Auserwählten des kriegerischen Christus zu gehören, hat bis heute viele Menschen in die Abhängigkeit von Gruppen geführt, die mit Bezug auf Christentum und Versprechungen vom gesegneten christlichen Land neue Anhänger anwerben. Dieses Thema und die unheilvollen Zusammenhänge sind zurzeit sicher aktueller als in den letzten 30 Jahren.

Ein Recht auf Dummheit?

Beschäftigt man sich mit Esoterik, aus welchem Grund auch immer, stehen praktisch alle Trägersysteme zur Informationsvermittlung zur Verfügung. Von Printmedien bis zum Internet, überall ist es unvermeidlich, irgendwann auf die Angebote der Szene zu stoßen. Sicherlich ist hin und wieder Kritisches zu lesen, aber im Vergleich zu den inzwischen sehr umfangreichen und undurchsichtigen Angeboten fällt die kritische Auseinandersetzung eher bescheiden aus. Die Angebote dieses Marktes differieren, aber ein Ziel ist ihnen allen gegeben: Kunden für die unterschiedlich teuren Angebote zu erreichen. Schätzungen über den jährlichen Umsatz von esoterischen Angeboten in Deutschland lagen vor wenigen Jahren bei ca. 7 Milliarden Euro. Neuerdings ist den Medien zu entnehmen, dass sich der Umsatz nach aktuellen Schätzungen inzwischen auf 20 Milliarden Euro jährlich erhöht hat. Das sind Wachstumsraten einer Branche, von denen andere in der Bundesrepublik nur träumen können. Es bleibt die Hoffnung, dass sich die Finanzbehörden regelmäßig mindestens die einschlägigen Fernsehsendungen und die Auftritte im Internet ansehen, um zu ermitteln, wer da genau welche Gewinne mit den Hoffnungen und Ängsten von Menschen einstreicht.

Bei einigen Angeboten ist man vielleicht noch geneigt, ein gewisses Maß an Verständnis für die Wahrnehmung der verlockenden Offerte aufzubringen. Viele Menschen können sich vermutlich vorstellen, dass es unter bestimmten Lebensbedingungen reizvoll sein kann, einmal Kartenlegen oder die Errechnung des persönlichen Horoskops als

Form der persönlichen Entscheidungshilfe in Anspruch zu nehmen. Bei anderen mit Werbetrommeln angepriesenen Angeboten kann man sich allerdings nur noch die Frage stellen: Nehmen hier Menschen ihr Recht auf Dummheit in Anspruch?

Quasi unerschöpflich ist das Angebot im Internet. Wer auch immer etwas sucht, hier wird er fündig. Ob die potenziellen Opfer der Anbieter immer gezielt magische Seiten im Netz suchen oder eher zufällig an die Angebote geraten, ist mangels Erforschung der Szene nicht feststellbar. Aber der eine oder die andere ist vielleicht hängen geblieben bei verheißungsvollen Überschriften wie *Magie des neuen Jahrtausends*.[19] Neben den zu erwartenden Angeboten wie »Zukunftsvorhersage« oder »Rückführung in frühere Leben« findet sich hier auch eine Ausbildung zur Hexe. Die Hexenschule hat unterschiedlich Esoterisches im Programm, was der Laie auf diesem Gebiet eher bei anderen spirituellen Angeboten vermuten würde. Rechnet man höchstwahrscheinlich schon damit, dass eine Hexe lernen muss, anderen Menschen die Zukunft voraussagen zu können, so könnte man vielleicht ins Grübeln kommen, wenn zum Hexenlehrgang auch die Fähigkeit für Astralreisen gehört. Das Angebot richtet sich an unterschiedlich begabte Menschen ebenso wie an Neugierige. »Ahnen Sie schon lange, dass in Ihnen magische Kräfte wohnen und möchten Sie sie erwecken?«, lockt das Angebot unter der Überschrift *Hexenschule der hohen Kunst der Magie*.[20]

Wie es sich bei Lehrberufen gehört, bietet die Seite dem Interessierten verschiedene Lehrgänge an: einen Grund-

---

19 Vgl. die Internetpräsenz http://www.magie-netz.de.
20 Vgl. ebd.

lehrgang, einen Aufbaulehrgang und schließlich einen Spitzenlehrgang. Der Grundkurs ist für Anfänger gedacht, aber auch für Menschen, deren magische Fähigkeiten abgenommen haben. Das scheint es also auch zu geben: Aus irgendwelchen Gründen können magische Kräfte das Zeitliche segnen. Aber das »Magie-Netz« gibt Entwarnung: Im Grundlehrgang der Hexenschule können Menschen, die sich vor vielen Jahren mit der Kunst der Magie beschäftigt haben und nun ihre Kenntnisse auffrischen möchten, wieder ihrer Fähigkeiten bewusst werden, sie sozusagen wiederbeleben. Wer den sogenannten Spitzenlehrgang bucht, sollte allerdings schon alles regeneriert haben, was verloren gegangen war. Denn nach Abschluss dieses Lehrganges ist die Hexe anscheinend vollkommen: »Durch ihn (den Spitzenlehrgang – die Verf.) erreichen Sie meisterliche Kenntnisse in den Künsten der Magie, mit denen Sie ihr und das Leben anderer Menschen in die gewünschte Richtung lenken und zu hohen Erkenntnissen über die Natur des Lebens und des Todes erlangen (sic!) können«[21], oder anders gesagt: Macht über andere. Auch über die Ausbildungsdauer wird nicht geschwiegen. Man sollte wohl bei positivem Verlauf vom Grundlehrgang bis zur Spitze sechs Jahre rechnen. Warum nicht, was kann es schaden? Denn dieses Angebot ist im Preisvergleich schon als »billiger Jakob« einzustufen: Der Spitzenlehrgang ist für nur sage und schreibe 40 Euro im Monat zu haben. Schüler, Studenten, Rentner und Arbeitslose sind mit 30 Euro im Monat dabei; das klingt fast schon nach einem Schnäppchen. Und noch etwas anderes zeichnet diese magische Schule aus: Es sind Fernlehrgänge, sodass die Mutation zur Hexe bequem zu Hause geschieht, und geprüft wird auch: »Die Prüfungen

---

21 Ebd.

finden alle halbe Jahre statt, am Ende steht noch einmal eine Abschlussprüfung. Sie erhalten bei Bestehen der Prüfung ein Abschlusszertifikat mit Angabe von Noten.«[22] Leider wird verheimlicht, welche Prüfungsfächer zu absolvieren sind.

Nicht nur Angebote zur Vermehrung der Hexenzunft sind im World Wide Web zu finden. Auch andere »Fähige« mit Kontakten zu Wesen, die dem Normalsterblichen verborgen bleiben, finden eine Plattform und werden beworben.

»Die Feen erfüllen die Formen mit Heiligkeit, Fröhlichkeit, Leichtigkeit, Zuversicht und neuem Staunen«.[23] Dieses Zitat wird einer Frau zugeschrieben, die in der Öffentlichkeit vor allem dadurch bekannt wurde, dass sie von sich behauptet, mit Engeln sprechen zu können. Alexa Kriele hat in der esoterischen Szene durchaus eine Karriere vollzogen. Als Referentin für ganzheitliche Seminare wird sie wie folgt angekündigt: »Naturgeister sind feinstoffliche Wesen, die auf der Erde leben und die Natur beseelen. Sie leben in Bäumen, Blumen, Moosen, an Quellen, in der Erde und in Steinen. Auch wenn sie auf den ersten Blick unsichtbar sind, wirken sie auf ihre Weise, um die Schöpfung zu vervollkommnen und im Gleichgewicht zu halten. Wie man mit den unterschiedlichen Naturwesen in Kontakt kommt und wie sie mit uns kommunizieren, darüber berichtet die erfahrene Engel-Dolmetscherin [...].«[24]

Alexa Kriele hat bereits öffentlich kundgetan, dass Engel kein Deutsch sprechen. Es muss also eine Art Engelisch geben, oder wie nennt man die Sprache der Engel?

---

22 Ebd.
23 http://www.impulse-ganzheitliche-seminare.de.
24 Ebd.

Wie schön, dass Frau Kriele keine Verständigungsprobleme hat. Allerdings bleibt es nicht bei den übersetzten Botschaften der Engel für Ratsuchende mit Hang zum Magischen oder Spirituellen, sie behauptet ebenso, dass es eine Art von Engelmedizin gebe, womit sie sich in die Heilerszene einordnet. Natürlich wird man von ihr nicht hören, dass sie fähig sei, Menschen zu heilen, sie gibt in ihren Seminaren nur Ratschläge zur Atmung und anderem. Die Zuständigkeit für das Ergebnis liegt nicht bei ihr, sondern bei anderen »feinstofflichen Wesen«, die allerdings schwer zu verklagen sind, sollte sich die Heilungs- oder auch nur Besserungshoffnung bei körperlichen Beschwerden nicht realisieren.

Nachdem Frau Kriele recht werbewirksam in verschiedenen Medien ihre Sprachfähigkeit mit den Engeln erläutern durfte, gab es bei einem Fernsehauftritt eine heilsame Irritation für einige potenzielle Kunden. In der Sendung *Menschen bei Maischberger* am 5. Januar 2010 wurde sie öffentlich mit einer von ihr vertretenen These konfrontiert, die weit über die bisherige Engel- und Naturgeisterdarstellung hinausgeht. Frau Kriele ist der Meinung, »dass sexuell missbrauchte Kinder und HIV-Infizierte nicht nur Opfer oder Betroffene einer Infektionskrankheit sind, sondern immer auch unter Umständen in einer anderen Inkarnation Täter seien, die nur verspätet zur Verantwortung gezogen werden.«[25]

Konnte man eine gewisse Zeit davon ausgehen, dass sich Frau Krieles Thesen, jeder Mensch bekomme bei der Geburt eine gewisse Grundausstattung von Engeln mit, durch Aufklärung und kritische Berichterstattung irgendwann in Luft auflösen, erinnert das Zitat bei Frau Maisch-

25 http://www.esowatch.com/ge/index.php?title=Alexa_Kriele.

berger schon sehr an andere Ideologien, für die die Ausgrenzung von bestimmten Personengruppen ganz normal zu sein scheint.

Maria Erleuchtung und andere Schnäppchen

In den Dauerwerbesendungen auf den einschlägigen Fernsehkanälen wie z. B. AstroTV treten die unterschiedlichsten Anbieter auf. Verkaufsfördernde Hinweise, dass ein erweitertes Angebot der jeweiligen Produktpalette auch im Internet nachzulesen ist, fehlen fast nie bei diesen Sendungen. Es gibt vermeintliche Hilfe für alle Lebenslagen, für alle Sorgen, Probleme und Problemchen. Das Thema heißt wieder und immer wieder: der Energiefluss. Sei es der im Menschen, in der unmittelbaren Umgebung wie Wohnung, Haus oder Garten, alles muss fließen, positiv natürlich. Selbstverständlich fehlt auch nicht der große Bezug, der den ganzen Globus umfasst. Die Botschaft ist auch hier eindeutig: Die positive Energie muss her, sie muss strömen, dann klappt das schon. Sind die positiven Ströme nicht immer gleich abrufbar – und das kommt anscheinend öfter vor, als es die Verkaufsstrategie offenbart –, können immerhin zumindest die negativen Energien mit den kommerziell angebotenen Hilfsmitteln irgendwie in Schach gehalten werden; das ist ja auch schon etwas.

Geht man darauf ein und kauft die entsprechenden Produkte oder nimmt die angebotene Dienstleitung, ob Kartenlegen oder Hellsehen, in Anspruch, dann geschieht Wunderbares: Der Konsument bleibt gesund, findet endlich den richtigen Partner, den neuen Job oder Sonstiges, was auf seiner Wunschliste steht. Welche Aussichten! Es müsste eigentlich die Frage aufkommen, warum sich esoterische Hilfsmittel einer großen Nachfrage erfreuen, wenn doch täglich angeblich so viele Wunder geschehen.

Wie es sich bei guten Verkaufssendungen gehört, wird natürlich in die verkaufsfördernden Trickkisten gegriffen. Das jeweils ganz besonders hilfreiche Angebot ist gerade in der aktuellen Sendung zum Schnäppchenpreis zu haben, bei begrenzter Stückzahl natürlich. Während das Angebot beworben wird, läuft nebenbei eine Uhr. Diese vermittelt dem potenziellen Kunden am Bildschirm: Greif schnell zu, lass dir diese Gelegenheit nicht entgehen, bestell das Mittel gegen die negativen Stimmungen noch heute, am besten jetzt sofort!

Vom »Kreuz der Elemente« über einen zu erwerbenden »Feueropal«, der, auf welchen Wegen auch immer, höhere Bewusstseinsstufen bewirken soll, für jeden Geschmack ist etwas dabei. Die Palette bietet so viel, dass wohl selbst dem spirituell Aufgeschlossenen die Auswahl nicht immer leicht fällt. Alternativ zum Feueropal gibt es auch ein den Bildschirm belebendes Medium, also ein Wesen, das von sich behauptet, mit Göttern, Geistern oder sonstigen unsichtbaren Wesen in Kontakt treten zu können. Solchen außerordentlichen Fähigkeiten entsprechend wird nicht nur ein einfaches Produkt beworben; darin sind vielmehr sogenannte gechannelte Botschaften versteckt, die die Kräfte verstärken. In einer Vollmondnacht (natürlich) hat das Medium für diesen Gegenstand die Botschaften erhalten, und auch das nicht von irgendeinem höheren Wesen, sondern von Mutter Maria. Niemand geringeres als die Muttergottes treibt sich in Vollmondnächten mit Botschaften herum und spricht mit diesem Medium.

Vor nichts wird zurückgeschreckt. Nichts scheint mehr heilig, um die Kunden an den Esoteriktropf zu hängen. Das durch Marias Kräfte verstärkte Arrangement aus Seidenblumen zum sagenhaften Sonderpreis von 69,95 Euro soll dann

41

Böses von Haus und Bewohnern abwenden und nebenbei möglichst Wünsche erfüllen. Arme Mutter Maria.

Verfolgt man solche Esoterik-Werbesendungen, muss man sich schon wundern, weniger über die mehr als unkritisch gegenüber Übersinnlichem eingestellte Käuferschaft, als vielmehr über die Dreistigkeit der Anbieter. Es ist schon erschreckend, was inzwischen alles einfach geschluckt wird, ohne dass die Menschen auch nur den Ansatz von Logik hinterfragen.

Warum zum Beispiel klagen jedes Jahr die Landwirte über zu viel oder zu wenig Regen bzw. Sonne? Warum gibt es überhaupt noch Missernten? Anbieter wie AstroTV bewerben doch Produkte, die in der Lage sein sollen, solche Probleme zu lösen, und das auch noch ausgesprochen günstig: Der Energietempel für schlappe 159 Euro oder der Pflanzenstab, natürlich genauso mit Energie geladen, für etwas weniger Geld. Die Zauberworte heißen in diesem Fall Orgonit oder Pranalit, scheinbar segensreiche Materialien, denen wahre Wundereigenschaften zugesprochen werden. Richtiger Energiefluss löst angeblich alle Probleme.

Es soll wohl als Beweis für die beeindruckenden Leistungen von Material und Gegenständen gewertet werden, wenn zufriedene Kundinnen in die Sendung geschaltet werden. Begeistert schildern diese Anruferinnen (die Mehrzahl von Frauen ist deprimierend eindeutig), sie seien glückliche Käuferinnen des Pflanzenstabes oder anderer Gerätschaften, die nicht nur die Energieströme in Wohnung oder Haus ins Lot brächten, sondern von der Fensterbank aus auch gleich die Johannisbeeren im Garten wachsen ließen, und zwar in einer Art und Weise, dass es fast an Worten fehle, die reiche Ernte zu beschreiben. Nicht nur das! Schädlinge haben keine Chance mehr, auch nur in die Nähe der Pflanzen zu kommen, und natürlich blühen die Blumen in einer Pracht, die nur durch derartig positiv wirkende Kleinodien aus dem esoterischen Energiestromgeschäft möglich wird. Also, Landwirte dieser Welt, hört die esoterischen Signale!

Für die allgegenwärtigen negativen Strömungen, die die Wohnung oder das Haus und damit das Wohlbefinden aller Bewohner beeinträchtigen, werden in der Regel Stromkabel oder Mikrowellen und dergleichen verantwortlich gemacht, weil sie angeblich die positiven Energieströme behindern. Hat sich die geneigte Käuferschaft mit energiegeladenen Steinen, erwähnten Seidenblumengestecken, Tempeln und Kuppeln gegen die omnipräsenten Negativenergien ausgestattet, wird es Zeit, die persönliche Zukunft in den Griff zu bekommen. Das esoterische Dienstleistungsgewerbe hat natürlich alle Klassiker im Programm. Das Kartenlegen und die astrologische Beratung sind genauso im Geschäft wie die Zukunftsvoraussage durch besonders begabte Hellseher oder Wahrsager.

Als besonderes Angebot für scheue Kunden gibt es auch eine anonyme Beratung im Fernsehen. Die Zuschauer hören und sehen nur den »Berater«. Um welches Problem es sich handelt, wird allerdings durch die Antworten ziemlich schnell deutlich. Außerdem wird ein besonderes Angebot für ganz eilige Menschen offeriert: Ein junger Mann – nennen wir ihn Daniel – bietet zum Beispiel hellseherische Blitzauskünfte an. Erstanrufer – oder sollte man besser von Neukunden sprechen? – dürfen kostenlos die Erstberatung in Anspruch nehmen. So ein Gratisangebot macht natürlich neugierig.

Der Mann auf dem Bildschirm ringt anscheinend mit sich und seinen Fähigkeiten. Fast fleht er in die Kamera, doch die Hemmungen zu überwinden und ihn anzurufen, um im wahrsten Sinne des Wortes blitzartig über die vorhandene oder ersehnte Partnerschaft Auskunft zu erhalten. Natürlich ist ebenso im Schnelldurchlauf erfahrbar, ob ein neuer Job winkt oder ob der geplante Hauskauf von Erfolg gekrönt ist. Alle diese Fragen der vielen weiblichen Anrufer unterschiedlichsten Alters beantwortet Daniel wie versprochen blitzartig in Sekunden. Um sich auf die Anruferin zu konzentrieren und seine Fähigkeiten zu aktivieren, senkt er das Haupt, legt seine Fingerspitzen an die Schläfen und verkündet, die Anruferin solle in ihre derzeitige Beziehung nicht mehr so viel investieren, oder auch genau das Gegenteil. Bei Fragen nach zukünftiger Arbeit können so erleuchtete Antworten kommen wie: Es ist möglich, dass sich in nächster Zeit eine neue Perspektive eröffnet. Genaueres ist natürlich – dafür hat jeder Verständnis – bei der kostenfreien Blitzvorhersage nicht zu erwarten. Wenn es auch nicht immer klar ausgesprochen wird, diese Botschaft wird die Fragende früher oder später hören: Willst Du mehr wissen, wähle Dich erneut ein, und dieses Mal unter der gebührenpflichtigen Servicenummer.

Diese Werbestrategie scheint sich zu lohnen. Bei dem einen oder anderen Dienstleister gibt es sogar Einladungen zur persönlichen Begegnung auf der nächsten Esoterikmesse in den verschiedenen Städten. Wenn das aus dem Fernsehen bekannte Gesicht auch als Person zu erleben sein wird, dann wirkt das selbstverständlich sehr vertrauenswürdig. Wie viele Menschen sich durch solche Angebote mittel- und langfristig in eine gefährliche Abhängigkeit von esoterischen Hilfsmitteln begeben und regelmäßig ihr Gehirn ausschalten, ist eine unbekannte Größe.

Die Lebensfreudemessen – käufliche Spiritualität

Jedem Markt seine Messe. Wo sich Anbieter und Verbraucher zum Austausch von Neuheiten treffen wollen, entstehen Messeveranstaltungen. Wenn es überhaupt eines Beweises bedarf, dass die Angebote der spirituellen Erleuchtung ein Gewerbebereich sind, dann ist die Präsentation an Messeständen der definitive Nachweis.[26] Neben den Angeboten, die man erwartet, sind zusätzlich Stände mit biologisch angebauten Produkten vertreten. Warum ein Glas Honig zu völlig überteuerten Preisen die Lebensfreude mehr erhöhen soll als ein Glas Biohonig aus dem Supermarkt, erschließt sich nicht wirklich. Aber vielleicht sind es ja spirituell erleuchtete Bienen, die – von Elfen gelenkt – besondere Blüten anfliegen. Wer weiß in dieser Welt schon, was alles möglich ist?

Deutlich wird allerdings, dass die Palette der präsentierten Angebote auf den Messen von der sogenannten Alternativmedizin über schadstofffreie Matratzen, Möbel und Biokleidung bis zu den magischen Steinen überaus beeindruckend ist. Man kann die neuesten Stars in der Welt der Geistheiler in direktem Kontakt mit Geistern, Toten oder Engeln erleben oder sich sein Horoskop berechnen lassen.

Ebenfalls anzutreffen sind die esoterischen Konkurrenten der Grünen: die Violetten.[27] Es überrascht nicht, dass eine ihrer zentralen Botschaften ein neues Gesundheitskonzept darstellt. Die Partei behauptet, was in der Branche und auf deren Messeveranstaltungen nicht weiter verwun-

---

26 Vgl. http://www.lebensfreudemessen.de.
27 Vgl. http://www.die-violetten.de.

dert: Krankheiten hätten mehr Zusammenhänge, als sich die Kassenpatienten träumen lassen. »Krankheiten haben immer einen Sinn«, heißt es in der Begründung für die dann folgenden politischen Forderungen der Partei, und die Begründung wird der esoterischen Szene gänzlich gerecht: »Aus spiritueller Sicht hat eine Erkrankung stets einen emotionalen oder geistigen Bezug. Eine ganzheitliche Betrachtungsweise kann die Ursachen und Chancen aufdecken.« Ganzheitlich. Inzwischen ist dieses Zauberwort der Esoterik-Szene in den allgemeinen Sprachgebrauch eingegangen. Natürlich wird in der Darstellung der Violetten die Schulmedizin kritisch betrachtet, und die Forderungen nach einer Umgestaltung der Gesundheitspolitik lesen sich folgerichtig als Freifahrtschein für die kommerziellen Interessen der Geistheiler, Gesundbeter und anderer Alternativmediziner. So wird die Forderung erhoben, sogenannte Heilkassen einzuführen, die gleichberechtigt neben den bestehenden Modellen etabliert werden sollen. Eine Aussage, die Menschen zur Wahl der Violetten animieren soll, heißt u. a.: »Ganzheitliche Therapien führen bereits kurzfristig zu großen Kosteneinsparungen im Gesundheitsbereich«. Es stellt sich allerdings die Frage, warum man dafür eine eigene Heilkasse benötigt? Vielleicht weil sie dafür bestimmt sein soll, eine »weitestgehende Anerkennung alternativer Behandlungsmethoden« zu etablieren. Da könnte sich dann alles einfinden, was auf der Lebensfreudemesse kommerziell tätig ist. Ob sich die Verfasser des Werbeblattes für die Violetten das weitere geschilderte Merkmal wirklich für ihre Klientel überlegt haben, kann allerdings angezweifelt werden. Sie wollen »volle Kostentransparenz« erreichen. Das wäre für viele Heilerangebote wohl nicht mehr spirituell zu bewältigen, das Finanzamt hingegen wäre mit solch einer Transparenz sicher einverstanden. Bisher war den Violetten noch kein politischer Durchbruch beschieden. Sollte das je passieren, kann man sicher noch einmal über die Transparenz der Gelder im Interesse der Klientel sprechen. Das ist bei anderen Parteien ja auch nicht anders.

Im Gegensatz zu früheren Jahren finden sich auf den Messen auch immer mehr Anbieter mit christlichem Bezug. Die einen haben Mischformen im Angebot, andere gehören zu den Gruppen, die für sich die christliche Lehre interpretieren, um damit neue Mitglieder in ihren Bann zu ziehen. So fand man auf der Lebensfreudemesse im Jahr 2009 einen Informationstisch mit vielen Broschüren und einem überzeugten Gläubigen der Lehre, der nicht müde wurde, auch vor den falschen Wegen zu warnen, die sich sonst auf der Messe fanden. Hier wurden die Lehren einer Bertha Dudde verbreitet, die sogenannten *Göttlichen Offenbarungen*. Sie hat angeblich neue Wahrheiten durch ein »inneres Wort« empfangen. Im Dialog mit Frau Dudde habe Gott die Geschichte Jesu kundgetan und sie und ihre Anhänger beauftragt, endlich die richtigen Aussagen über die christliche Entstehungsgeschichte publik zu machen. Folgerichtig gibt es nun eine Broschüre mit dem Titel *Gott berichtigt Irrlehren und Irrtümer*, herausgegeben von den »Freunden der Neuoffenbarung«. Somit finden sich auch diejenigen, die nicht in die esoterische Landschaft passen, auf einer Messe umgeben von aus ihrer Sicht Ungläubigen. Auch hier zeigt sich, dass es ein Fehler in der Vergangenheit war, die christlichen Esoteriker abzugrenzen von den übrigen. Gott findet sich nicht nur bei den Angeboten der Freunde der Neuoffenbarung. Zunehmend mehr Vertreter haben ihn »im Gepäck«.

Bei den kommerziell dargebotenen Heilmethoden trifft man beispielsweise auf Werber für das Zentrum für Geistiges Heilen.[28] In Hamburg wurde auf der Messe 2009 ein Pjotr Elkunoviz gefeiert, der anscheinend seit über 20 Jahren durch Herstellung der »Göttlichen Ordnung« Geistheilung betreibt. Beworben werden seine angeblichen Fähigkeiten mit der Aussage, jeder Mensch leide unter einer evolutionsbedingten Schiefe seines Körpers. Die sogenannte »Göttliche Aufrichtung«, die ohne Berührung geschehe, habe natürlich schon Tausende von Menschen von Krankheiten befreit. Auch Elkunoviz greift aus dem Schatz der Religionen das heraus, was die Menschen inzwischen als allgemeinen Sprachgebrauch verstehen, in diesem Fall die göttliche Energie mit dem Karma: »Sei Du der Nächste, der die geistige Erlösung von krankmachenden Energieformen erfährt und dadurch seine karmischen Anhaftungen überwindet. Kommt, seht und erlebt Wunder.«

Die Werbestrategie beinhaltet hier, wie bei anderen auch, dass die vollbrachten Wunder der Heilung bereits im Fernsehen »bewiesen« wurden. In diesem Fall werden als Beweis für die Fähigkeiten des Meisters gleich mehrere Fernsehsender bemüht: »Die Begradigung – das Original. Bekannt und bestätigt aus dem Fernsehen: SWR, ARD, ZDF, Phönix, VOX und bei Fliege«. Da man nicht überprüfen kann, in welcher Sendung Herr Elkunoviz thematisiert wurde, muss man bei der Aufzählung davon ausgehen, dass er ausschließlich bei Jürgen Fliege eine unkritische Plattform erhalten hat, doch zu Herrn Fliege mehr im folgenden Kapitel.

Die Lebensfreudemessen bieten selbstverständlich umfassendes Werbematerial zum Mitnehmen an. Das schon erwähnte, turnusmäßig erscheinende Heft *Körper, Geist und Seele* (KGS) ziert ein Foto von zwei Personen, die wohl vielen Menschen aus dem Fernsehen bekannt sind. Es sind zwei

---

28 Vgl. http://www.meta-school.info.

Schauspieler, die in der jüngeren Vergangenheit einschlägig in der Szene bekannt wurden: Pierre Franck und Michaela Merten. Mit der angeblich fast unfehlbaren Methode, man müsse sich nur wünschen, was man wolle, dann erfülle es sich, bewegen sich diese Anbieter nun endgültig in der Märchenwelt. Im November-Heft KGS 2010 wird die zumindest anscheinend für die Schauspieler erfolgreiche Verkaufsmethode wie folgt beschrieben: »Letztendlich geht es nur darum, ein Resonanzfeld zu schaffen, indem ich mich selber in den gewünschten Zustand hineindenke. Wenn ich mein Leben verändern will, reicht es also schon, sich etwas Neues zu wünschen und damit etwas Neues zu fokussieren.«[29]

Man kann nur hoffen, dass durch das Lesen der Bücher dieser Herrschaften oder nach dem Besuch ihrer Veranstaltungen schwer kranke Menschen nicht ihre Behandlung abgebrochen haben, um in einem geschaffenen Resonanzfeld ihre Krankheit zu überwinden. Kritik an den gefährlichen Märchenversprechen kommt in diesem Fall ebenfalls aus prominenter Ecke. Hugo Egon Balder und sein Mitautor Jacky Dreksler haben sich mit Wunsch-Bestellungen im Universum auseinandergesetzt und kommen zu einer Erkenntnis, die man vielen Prominenten wünschen kann: »Die Wünschelwichte [...] präsentieren sich als allwissende Gurus, Magier, Psychologen, Philosophen und Seelsorger. Sie greifen tief in das Leben von Menschen ein, die in Not, krank oder verzweifelt sind oder nach dem Sinn ihres Lebens suchen. Die aber bekommen Bullshit statt Lebenshilfe.«[30]

Dass sich mit einem prominenten Gesicht oder Namen in der esoterischen Szene Geld machen lässt, dass sich damit aber auch politische Botschaften vermitteln lassen, ist

29 KGS Hamburg, 11/2010, 20.
30 http://www.agpf.de/Esoterik.htm.

nicht neu wird, aber zunehmend erfolgreicher umgesetzt. Bei der prominenten Werbegesellschaft bleibt bei einigen die Frage offen, ob sie sich der Auswirkungen ihres Tuns immer bewusst sind. Andere wie Franck, Fliege & Co haben die Grenze längst überschritten. Sie und die im folgenden Kapitel Beschriebenen sollten sich die Überschrift eines Artikels im Züricher Tages-Anzeiger immer wieder vor Augen führen: »Tausende von Geistheilern und esoterischen Therapeuten missbrauchen die Sehnsucht ihrer Klienten nach spiritueller Erlösung – und machen gutes Geld damit.«[31]

31 Hugo Stamm, Tages-Anzeiger, Zürich, 21.6.2005.

Medien und Prominente

Das Auftreten von spirituell aufgeschlossenen Schauspielern und anderen Prominenten gehört zur gesamten Szene. Seit einiger Zeit aber ist in der Öffentlichkeit immer häufiger festzustellen, dass prominente Persönlichkeiten aus allen Bereichen sich darüber äußern, an wen oder was sie glauben und welche therapeutischen Mittel ihnen bei Problemen geholfen haben. Öffentliche Bekenntnisse sind in. Bei Auftritten in Talkshows, bei Interviews in den Printmedien sowie in mehr oder weniger selbst verfassten Büchern finden sich Erklärungen zum Glauben an den christlichen Gott ebenso wie Aussagen über die hilfreichen Segnungen von Yoga, Meditation, Schutzengeln, Bachblüten oder anderen Angeboten aus dem Bauchladen der Esoterik.

Auch ohne die Glaubensbekenntnisse aus dem VIP-Bereich haben die Medien längst erkannt, dass viele Menschen auf Übersinnliches oder Spirituelles anspringen. Nicht immer sind die Sendungsformate von Erfolg gekrönt, aber ein Blick in die jüngere Mediengeschichte zeigt, dass viele Informationssparten und mit ihnen viele Prominente sich dem esoterischen Zeitgeist schon länger verschrieben haben. Ein bekanntes Gesicht ist als Werbemittel für visuelle Medien selbstverständlich immer hilfreich.

In den Publikationen der Esoterikszene werden die Beobachtungen über die Entwicklungen in den Medien und bei der Prominenz natürlich dokumentiert und kommentiert. Jede Sendung ist nützlich, jede berühmte Unterstützung willkommen. Das gilt für die vergangenen Jahre und mit steigender Tendenz bis heute.

Im Magazin *esotera*, der Zeitschrift für spirituelles Leben, kann man nachlesen, wie intensiv die Medien ausgewertet werden.[32] In einer Ausgabe aus dem Jahr 1997 findet sich die enttäuschte Feststellung, dass die tägliche Esoterik-Talkshow Talk X mit Andrea Kiewel auf dem Sender Pro-Sieben bereits nach vier Wochen wieder abgesetzt wurde. Aber der Artikel hat auch frohe Botschaften für die okkulte Leserschar:»Dennoch behält das Übersinnliche weiterhin seinen Platz im Programm des Privatsenders. Die Serie ›Akte X‹, die als Auslöser des TV-Mystery-Boom gilt, erreicht nach wie vor hohe Zuschauerquoten. Weitere Reihen folgen: ›Dark Skies‹ und ›Outer Limits – die andere Dimension‹. Andere Sender entdecken ebenfalls die Esoterik. Seit Ostern präsentiert der TV-Moderator Jörg Dräger bei RTL die Esoterikshow *Mysteries*, und beim ZDF ist im April die Sendereihe *Magische Welten* angelaufen.«[33]

Zugegeben, von den genannten Sendungen haben wohl die meisten Menschen nicht viel gemerkt. Außer der Serie Akte X haben sie wohl das Schicksal der Kiewel-Talkshow erlitten. Ebenso war von dem Versuch der Moderatorin Nina Ruge (»Alles wird gut.«), im Sommer 2007 im ZDF eine spirituell angehauchte Sendung zu platzieren, nicht lange etwas zu hören. Und es gab weitere Versuche: 2008-2009 gab es mit *The Next Uri Geller – Unglaubliche Phänomene Live* eine als Mystery-Sendung angelegte Castingshow auf ProSieben. Es wurde der neue Uri Geller gesucht, was nicht schwer gefallen sein dürfte bei so vielen mit magischen Kräften ausgestatteten Personen im deutschsprachigen Raum. Allerdings versank auch diese Sendung schnell im Quotendschungel.

Anscheinend müssen die Mischung und der Sendeplatz

32 Vgl. http://www.esotera.de.
33 esotera, Juni 1997, 6.

Fliege

stimmen, damit längerfristig Erfolg verbuchbar ist. Wenn sich ein evangelischer Pastor mit Freundlichkeit und Offenheit für alles Spirituelle regelmäßig im Nachmittagsfernsehen zeigt, scheint diese Mischung gefunden zu sein. Über Jahre präsentierte Jürgen Fliege in seiner gleichnamigen Sendung in der ARD alles, was Rang und Namen hat an Geistheilern, Seherinnen, Familienstellern oder anders okkult geschulten Personen. Herr Fliege ist so offen nach allen Seiten, dass er sich selbst in das Verkaufsgeschäft von Artikeln geworfen hat, die auf nicht erklärliche Weise wirken. Auch die kritische Berichterstattung über ein von ihm massiv beworbenes Gerät, das Aquapol-Mauertrockenlegungssystem, das auf unerklärliche Weise feuchte Gemäuer in Wohnung und Haus sanieren soll, hat der Talkmaster überstanden.[34] Dass sein Geschäftspartner Wilhelm Mohorn, der Chef der Firma Aquapol – Wasserpolarisationstechnische Geräte GmbH, bekennendes Mitglied der vom Verfassungsschutz beobachteten Scientology-Organisation ist, stört Fliege anscheinend auch nicht. Irgendwann wurde, Gott sei es gedankt, auch diese Talkshow vom Bildschirm verbannt.

Allerdings heißt die Absetzung der Sendung nicht, dass Herr Fliege keine Gelegenheit erhält, sich für Okkultes zu engagieren. »Fernsehpfarrer mutiert zum Esoteriker« titelte *Die Welt* am 6. Januar 2010. In der Sendung *Menschen bei Maischberger* war neben esoterischen Heilsbringern auch der Herr Pfarrer geladen. Dieser fiel dem Zeitungsredakteur insbesondere dadurch auf, dass er sich vornehmlich bemühte, die angeblichen hellseherischen Fähigkeiten eines Gastes zu verifizieren und das zu tun, was er schon in seiner Sendung gern gemacht hatte: unkritisch den Anbietern der Szene eine Plattform zu bieten.

---

34 Vgl. http://www.esowatch.com/ge/index.php?title=Aquapol.

Da Jürgen Fliege in den letzten Jahren allerdings darauf angewiesen ist, in Talkshows eingeladen zu werden, und die von ihm ausersehenen Heilsbringer nicht mehr selber medial präsentieren kann, versucht er es auf andere Weise. Seit 2009 veranstaltet er im bayerischen Bad Wörishofen ein »Fest für Körper, Geist und Seele«, den Wörishofener Herbst, zu dem er nun unter anderem diejenigen einlädt, die als Stars der Esoterik-Szene angesehen werden können: Bert Hellinger zum Beispiel, Eva Aschenbrenner und die bereits genannte Alexa Kriele, ebenso die Sängerin Katja Ebstein (»Wunder gibt es immer wieder«). Letztere machte 2007 Schlagzeilen, weil sie sich für die umstrittene Eigenurintherapie begeistert. Damit ist sie für Fliege offenbar qualifiziert genug, um an seiner Veranstaltung teilnehmen zu dürfen. Jürgen Fliege selbst beschreibt seinen Wörishofener Herbst als eine Art »spirituelles Woodstock, wo wir alles zusammenführen, was für ein sinnvolles, gesundes Leben nötig ist. Da braucht man gute Ärzte, gute Künstler, gute Heilpraktiker und da braucht man auch Philosophie und Religion. In Bad Wörishofen sind alle mal auf einem Haufen, um eben nicht wie sonst zu trennen zwischen Körper – also den Ärzten – auf der einen Seite und Seele auf der anderen, mit den Psychologen und meinetwegen beim Beten noch den Seelsorgern. Ende Oktober sitzen bei uns alle zusammen in einem Boot.«[35]

Ein Star der Heilerszene darf bei derartigen Veranstaltungen von Herrn Fliege natürlich nicht fehlen: Dr. Rüdiger Dahlke. Der ist nicht nur Starautor der Esoteriker, sondern auch ausgebildeter Arzt, was sein Renommee über die einschlägigen Kreise hinaus ein wenig erklärt. Rüdiger Dahlkes

35 http://www.pressemitteilungen-24.de/2010/10/18/jurgen-fliege-ladt-ein-zu-spirituellem-woodstock-im-allgau/.

Weg als heilendes esoterisches Aushängeschild begann mit seiner Zusammenarbeit mit einem gewissen Thorwald Dethlefsen. 1974 gründete Dethlefsen das Institut für außerordentliche Psychologie, das er 1993 in den Kawwana-Konvent umwandelte. 1996 ließ er beim Amtsgericht München Kawwana – Kirche des Neuen Aeon – eintragen, die er unter der selbstgewählten Bezeichnung »Vicarius« leitete und die von 1999 bis Januar 2003 halböffentliche Veranstaltungen durchführte. Diese religiöse Gemeinschaft orientierte sich an Lehren des Zürcher Psychologen und Esoterikers Oskar Rudolf Schlag. 2003 erklärte Dethlefsen, die Kawwana-Kirche sei »in die Welt von Briah« erhoben worden, legte seinen Titel ab und zog sich bis auf gelegentliche Vorträge weitgehend aus der Öffentlichkeit zurück. Der Tempel der Kirche wurde im Jahr 2009 abgerissen. Dethlefsen starb nach zwei Schlaganfällen am 1. Dezember 2010 in Wien.[36]

Dethlefsen und Dahlke hatten sich zwar schon 1989 voneinander gelöst. Vereinigt bleibt Dahlke aber mit seinem Vorbild durch die Lehre und die kruden Therapievorschläge. Beide teilen nämlich die Auffassung, dass kranke Menschen selbst verantwortlich sind für ihren Zustand. In ihrem Buch *Krankheit als Weg*[37] wird unter anderem die These vertreten, dass ein Unfallopfer den Unfall irgendwie unbewusst hervorrufe. Wenn man nun alles selber verschuldet und vielleicht bei einem Unfall zu Tode kommt, ist man bei Dahlke allerdings »gut aufgehoben«, denn er und Dethlefsen gehören zu den Reinkarnationstherapeuten. Der Tod ist demnach lediglich die äußerste Eskalationsstufe einer

---

36 Vgl. http://de.wikipedia.org/wiki/Thorwald_Dethlefsen.
37 Vgl. Thorwald Dethlefsen/Rüdiger Dahlke, Krankheit als Weg: Deutung und Be-Deutung der Krankheitsbilder, München 2000.

Krankheit, und es stirbt nur die Person, nicht das Bewusstsein, das wiedergeboren wird. Dahlke geht aber noch weiter, denn für ihn ist die Reinkarnationstherapie nicht nur das Heilmittel für jeden einzelnen Menschen, sondern auch für die Gesellschaft insgesamt, sogar für die Politik. Das Informationsmagazin der Szene lässt Rüdiger Dahlke ausführlich zu Wort kommen. Dort liest sich sein umfassendes Therapieangebot wie folgt: »In der Reinkarnationstherapie kann man sehr dramatisch erleben, wie auf Zeiten, wo man Opfer war, solche der Täterschaft folgen. [...] Auf der richtigen Ebene ins Spiel gebracht, böten innere Bilder die Chance, unser in erwachsenem Ernst festgefahrenes Gesellschaftsspiel wieder flottzumachen. Ihre vielfältigen und wundervollen Möglichkeiten reichen von einfacher Entspannung bis zu tiefgehenden Therapien. Sie könnten der Wirtschaft und Politik Visionen schenken und der Medizin wieder Sinn – auf kindlich erlöster Ebene könnten sie all unsere ernsten und manchmal todernsten Haltungen auflockern und wieder mit mondig-kindlicher Lebensfreude füllen.«[38]

Natürlich ist der spirituelle Trend nicht nur im deutschsprachigen und europäischen Raum zu Hause. Auch im Land der unbegrenzten Möglichkeiten, den USA, nutzen viele Prominente, darunter viele Hollywood-Größen, die Angebote zur geistigen Erweiterung und Heilung. Selbstverständlich hat es nicht nur der Gründer der Scientology-Organisation, L. Ron Hubbard, geschafft, berühmte Stars für sich zu gewinnen und in seine fragwürdige Organisation zu locken. Von vielen US-amerikanischen Menschen aus der Filmbranche ist bekannt, dass sie sich verschiedenen Spielarten des Spirituellen widmen. Da der Werbeeffekt von Prominenten aus Übersee sich verkaufssteigernd in Europa und Deutsch-

38 esotera, März 1994, 26.

land auswirkt, wird natürlich in den Journalen für die spirituelle Heilerwelt über sie berichtet, zum Beispiel über den Therapeuten und Autor John Bradshaw. Dessen Therapieansatz weist anscheinend eine gewisse Ähnlichkeit mit der Rüdiger Dahlkes auf, denn beide sprechen davon, dass es bei ihren Therapien um ein inneres Wesen gehe, das »innere Kind«. Dieser Behandlungsansatz – so berichtet das Magazin *esotera* – hat inzwischen Stars in Hollywood erreicht. Bradshaw wird in Verbindung gebracht mit prominenten Größen wie Barbra Streisand, Quincy Jones und Steven Spielberg und von *esotera* mit folgenden Worten zitiert: »[…] es scheint, dass ich ein Sprachrohr für ein Bewusstsein wurde, dessen Zeit gekommen war. Ich sage zufälligerweise Dinge, die die Kultur im Moment hören muss.« Besonders genau zugehört bei dem Sprachrohr für das Bewusstsein hat anscheinend Steven Spielberg, der Herrn Bradshaw gebeten haben soll, das Manuskript für den Film »Hook« gegenzulesen.

Manchmal wirken die spirituellen Erfahrungen der Hollywood-Prominenz auch bei deutschen VIPs nach. Shirley McLaine zum Beispiel hat ein Buch geschrieben, das von ihrer spirituellen Reise auf dem Jakobsweg berichtet.[39] Auch ihr sei Übersinnliches passiert, sie geht davon aus, schon mehrere Reinkarnationen hinter sich zu haben. Sicherlich verlief nach all diesen Erkenntnissen ihr Leben schöner, gesünder und bunter. Es ist nicht bekannt, wie viele ihrer Fans selbst esoterisch aktiv wurden, aber glaubt man den Informationen im Internet, hat sich ein beliebter, sehr erfolgreicher Prominenter in Deutschland von Frau McLaine anregen lassen: Hape Kerkeling. Neben der Lektüre des Buches habe eine Krise ihn bewogen, sich auf eine spirituelle Reise zu begeben. Er wählte ebenfalls, wohl dem Buchtitel folgend, die

39 Vgl. Shirley McLaine, Der Jakobsweg. Eine spirituelle Reise, München 2001.

Hape

Wanderung auf dem Jakobsweg Richtung Santiago de Compostela in Spanien. Über seine spirituellen und sonstigen Erfahrungen berichtet er im Anschluss an den Pilgerweg in Interviews und schreibt ein Buch, das sich monatelang auf den Bestsellerlisten hält.[40] Viele wundern sich darüber, was diesen Erfolg ausmacht. Was kann Hape Kerkeling der Menschheit mitteilen, das einen solchen Hype rechtfertigt? Er selber bringt es auf den Punkt. In der Wochenzeitung *Die Zeit* wird er im Jahr 2006 mit den Worten zitiert: »Ich bin eine Art Buddhist mit christlichem Überbau«.[41] Viele suchen nach neuen Wegen. Hape Kerkeling lebt es vor: Es geht, man kann sich seine Patchwork-Religion selber basteln. Ihm wird nicht klar gewesen sein, dass er für viele Mischangebote auf dem Esoterik-Markt exakt die Vorgaben geliefert hat, sich ihren Weg zu suchen. Ihren Weg bei dem entsprechenden Anbieter auf dem Markt.

Ein anderes prominentes Wesen geisterte vor gar nicht langer Zeit mit spiritueller Offenheit durch die Medien: die Popmusikerin Nena. In einem Interview mit der Süddeutschen Zeitung war 2009 zu lesen: »Fast 20 Jahre nach dem Tod des luxusliebenden Sektenführers Bhagwan alias Osho überrascht Nena jetzt mit dem Satz: ›Ich bin ein Osho-Fan. Vor zwei, drei Jahren hab ich ihn für mich entdeckt. Ich lese sehr gerne seine Bücher und finde mich dort wieder. [...] Zum Beispiel meditiere ich dynamisch, also körperlich, um mich zu entgiften. Wir treffen uns mit Leuten und meditieren gemeinsam. Wir sitzen nicht auf dem Boden, denn dafür bin ich zugeballert mit zu viel Informationen. Ich habe es auch mit Transzendentaler Meditation versucht, ich kann

---

40 Vgl. Hape Kerkeling, Ich bin dann mal weg. Meine Reise auf dem Jakobsweg, München 2006.
41 Vgl. Die Zeit, Nr. 46, 9.11.2006.

es nicht. Osho hatte eine Antwort für mich: die Dynamische Meditation. Da bist du eine Stunde voll körperlich dabei und bist dir anschließend auch echt begegnet.‹«[42] In Nenas Video »Wir sind wahr« sind Dutzende von hüpfenden Personen in orangefarbenen Kleidern bei einer Meditationsübung zu sehen. Mit Meditation im eigentlichen Sinn hat das allerdings wohl nichts mehr zu tun: »Sinn der Meditation ist ›sitzen, um zu sitzen‹«.[43]

Ob nun Hüpfmeditation oder sonstige Begeisterung für Übersinnliches, über Nena wurde in diesem Zusammenhang mehrfach berichtet. Beispielsweise soll sie einmal eine obskure Gruppe in Italien einige Tage besucht haben, die angeblich spirituelle Nacktreisen veranstaltete. Die Schlussfolgerung der Presse, Nena sei in eine Sekte geraten, wurde sofort vehement dementiert. Nena hat recht, sie ist wahrscheinlich nirgends Mitglied, aber sie ist sympathisch und aufgeschlossen und – sehr bekannt. Das bedeutet nichts anderes als eine sehr gute Werbung für ein individuelles spirituelles Leben. Die Esoterik-Szene darf sich freuen, denn die Anbieter dieser Szene wehren sich gegen das Stigma Sekte. Wie schön, dass die prominente Nena Klarheit schafft: Spiritualität ist individuell und positiv, eine Sekte ist schlecht. Unbewusste Werbung für die Szene, besser kann es gar nicht laufen.

Eine andere öffentliche Person, Barbara Rütting, eine ehemals erfolgreiche Schauspielerin, ist fest verankert in der Esoterik.[44] In zeitlichen Abständen fiel sie immer wieder durch ihre Nähe zu umstrittenen Figuren und Gruppen auf. Auch sie soll sich zu dem Gründer der Bhagwan-Bewegung

---

42 http://www.sueddeutsche.de/leben/guru-anhaengerin-nena-oma-in-extase-1.34441.

43 Colin Goldner, Die Psychoszene, Aschaffenburg 2000, 333.

44 Vgl. http://www.esowatch.com/ge/index.php?title=Barbara_Rütting.

bekennen und ihn für den größten Therapeuten des letzten Jahrhunderts halten. Für Tierschutz engagiert sie sich, und Naturkost ist ihre Botschaft. Mit dem Engagement für Natur und Umwelt korrelierten ihr grünes Parteibuch und ihr Abgeordnetenmandat für den Bayerischen Landtag in den Jahren 2003-2009. War schon die Schauspielerin Rütting mit ihrer Nähe zu spirituellen Kräften für die gesamte Szene eine Art Hauptgewinn, hatte sie nun ein politisches Sprachrohr. Auch die Abgeordnete zeigte sich offen nach allen Seiten. Die umstrittene Organisation *Universelles Leben* wurde in ihre Nähe gerückt, eine Gruppe, die die Sektenbeauftragten seit Jahrzehnten beschäftigt und sich vor allem mit der Evangelisch-Lutherischen Kirche in Bayern diverse Male vor Gericht auseinandersetzte.[45] Allerdings ist das *Universelle Leben* auch in Bezug auf viel Naturkost bekannt, sodass es sich über so viel Unterstützung gefreut haben dürfte. Im Internet finden sich noch zahlreiche andere Hinweise auf Barbara Rütting im Esoterik-Dschungel.

Dass die Partei Bündnis 90/Die Grünen völlig unkritisch mit dem außerpolitischen Engagement ihrer Abgeordneten umging, wird bei einigen Menschen Irritationen hervorgerufen haben. Falls es Diskussionen mit ihr in der Partei gab, sind diese jedenfalls nicht nach außen gedrungen. Alle demokratischen Parteien wären gut beraten, sich intensiv mit esoterischen Ideologien auseinanderzusetzen und zu analysieren, was dahinter steckt.[46]

Mit Barbara Rütting müssen die Grünen sich intern nicht mehr befassen, denn sie hat die Partei 2009 verlassen, nachdem die Fraktionsvorsitzende im Bundestag von Bündnis

---

45 Vgl. http://www.esowatch.com/ge/index.php?title=Universelles_Leben.
46 Als Empfehlung sei hier genannt: Jutta Ditfurth, Entspannt in die Barbarei. Esoterik, (Öko-) Faschismus und Biozentrismus, Hamburg 1996.

90/Die Grünen, Renate Künast, in einer Fernsehsendung einen zum Verzehr bestimmten Fisch getötet hatte. Das trieb Frau Rütting zum Wechsel und zur Unterstützung der Partei Mensch, Umwelt, Tierschutz. Die Grünen müssen auf sie verzichten, die spirituelle Szene aber hat eine Heldin mehr, wenn auch nicht mehr mit dem großen politischen Einfluss wie zuvor.

Bei den Grünen haben Mitglieder, die sich dem neuen Bewusstsein verschrieben haben, allerdings Tradition. Das mag zu einem wesentlichen Teil an der Entstehungsgeschichte der Umweltbewegung in den 1970er Jahren liegen. Die Wendezeit des New Age mit allen möglichen Facetten fand Eingang in viele sich bildende Netzwerke. Aus den verschiedenen Öko-, Frauen- oder Friedensbewegungen engagierten sich zahlreiche Aktivisten in dem neuen politischen Bündnis. Die Ideen des Physikers, Systemtheoretikers, Philosophen und Autors Fritjof Capra zu einer Vernetzung verschiedener Ansätze zur Einleitung der esoterischen Wendezeit schienen bei den Grünen möglich zu werden.[47]

Die 1980er Jahre, das sogenannte Öko-Jahrzehnt, brachten den Grünen auch den politischen Einfluss in den Parlamenten. 1984 kandidierte der Kommunardengründer Rainer Langhans auf einer Bundesversammlung zur Wahl in den Bundesvorstand. Dies gelang ihm zwar nicht, aber ganz verschwunden war er in der öffentlichen Wahrnehmung nie, und in der letzten Zeit ist er als Ikone der 68er-Bewegung zurückgekehrt. Seine derzeitige Medienpräsenz verdankt er der Teilnahme an dem RTL-Dschungelcamp 2011 *Ich bin ein Star – holt mich hier raus*. Dem Publikum präsentierte er sich dort als Anhänger von Meditation. Er zelebrierte Kopfstände auf mitgebrachten Gerätschaften und vermit-

---

47 Vgl. http://de.wikipedia.org/wiki/Fritjof_Capra.

telte seinen Mitbewohnern (besser: Mitleidenden) die entspannenden Wirkungen seiner Übungen. Anscheinend hat Langhans auch als 70-Jähriger noch nicht aufgegeben, anderen zu vermitteln, wofür er schon auf der Wahlversammlung 1984 eingetreten war. Im einschlägigen Magazin der Esoterik-Szene der damaligen Zeit *Liebe – das Magazin für Sein & Bewusstsein* werden er und sein Kollege Dieter Kunzelmann gewürdigt. Langhans wird eine besondere Ehre zuteil: Seine Bewerbungsrede für den Bundesvorstand der Grünen wurde in voller Länge abgedruckt. Es ist kaum vorstellbar, dass dies ohne seine Zustimmung geschehen ist. Die Überschrift für den Abdruck ist dem Geist des Blattes angemessen: »Der neue Mensch ist da!«

Langhans beginnt seine Bewerbungsrede mit den Worten: »Ich habe ein Votum vom Landesverband Utopie. Ich sage dieses deswegen, weil hier (auf der Versammlung – die Verf.) immer gesagt wird, woher man das (sein Votum – die Verf.) bekommen hat.« Schon in der Eingangsformulierung der Hinweis an die anderen, dass er aus einer anderen Welt komme. Im Verlauf der Rede ist dann einiges über Krieg zu hören, über den Krieg mit sich selbst. Esoteriker dürften daraus wahrscheinlich den inneren Kampf zur spirituellen Befreiung heraushören. In der abgedruckten Rede heißt es wörtlich: »Ich bin jetzt 44. 1969 etwa bin ich rotiert und zwar sehr gründlich, nämlich etwa 12 Jahre lang aus allen sozialen Bezügen fast ganz raus. Weil ich wissen wollte, was eigentlich hinter der Politik steckt und warum sie so folgenlos ist, wenn wir immer glauben, sie würde mit dem 5-vor-12-Gefühl der Ängste betrieben werden müssen. (Applaus) Ich habe gesehen, dass es um den totalen Krieg geht. Wollt ihr den totalen Krieg? Ich habe ihn innen sehen müssen – und ich habe überlebt. Da können wir von Bruder Hitler was lernen – aber diesmal sollten wir ihn endlich, endlich innen führen, nicht immer wieder außen. Auch hier ufert das manchmal noch so aus, dass es zu sehr außen passiert. Es sollte mehr innen passieren [...] Erkennt ihr diesmal den Scheideweg, die ihr wieder eine zentrale Erfahrung machen wollt, die nirgendwo zu einem neuen Menschen führen soll? [...] Wir haben Zeit. Der neue Mensch ist da. Wir sind es alle.«[48]

Am Ende der Rede wird protokolliert:»Kräftiger Applaus und Pfiffe«. Ja, die toleranten Grünen hatten offenbar in einer gewissen Breite gegenüber ihren Mitgliedern ein Herz für Kämpfer einer neuen Gesellschaft mit einem Votum aus Utopie. Anscheinend waren damals die kräftigen Applausgeber nicht einmal irritiert, dass das menschliche Monster Hitler als Bruder bezeichnet wurde. Wie Herr Langhans auf diese Nähe gekommen ist, beschreibt er nicht, aber vielleicht ist er ja bei seinem inneren Krieg mit sich selbst auf gewisse spirituelle Schwingungen gestoßen, die ihn Hitler zum Bruder erklären ließen. Schließlich ist okkultes Gedankengut in der Entwicklung Nazi-Deutschlands schon lange nachgewiesen:»[...] Doch auch Adolf Rosenberg, Mitglied der Thule Gesellschaft und – daraus hervorgehend – späterer Chefideologe der Nazis, liefert mit seinem ›Mythus des 20. Jahrhunderts‹ ein mit esoterischen Vorstellungen durchsetztes Machwerk des Rassismus.«[49]

---

48 Zeitschrift Liebe, März 1985, 11.
49 Thomas Ewald/Hans-Gerd Jaschke/Hartmut Zinser, Esoterik und New Age. Herausforderungen an die Jugend- und Erwachsenenbildung, Hessische Landeszentrale für politische Bildung, Nr. 20, Wiesbaden 1996, 13.

Heiler – Glauben – Katastrophen

Der Wunsch nach Gesundheit und die Angst vor Krankheit und Tod sind tief verankert in der menschlichen Seele. Wer möchte nicht sein Leben unbehelligt von Krankheit gestalten können? Wer krank ist, läuft auch heute noch sehr schnell Gefahr, ins Abseits gestellt zu werden. Krankheit kann alles bedeuten: Verlust des Arbeitsplatzes mit den entsprechenden Folgen, Verlust der Beziehung, Verlust der gesamten Stabilität im Leben. Wer möchte da nicht gerne vorbeugen, Bescheid wissen und bei Problemen Abhilfe schaffen?

Im christlichen Glauben gibt es eine ebenso tief verankerte Angst vor dem strafenden Gott, der mit Krankheit und Katastrophen die Sünder straft und auf den rechten Weg zurückholen will. Angstvorstellungen von ewigen Höllenqualen mit Verweis auf biblische Begründungen spielen hier eine große Rolle.

In den 70er- und 80er-Jahren des 20. Jahrhunderts gab es die Devise, dass es in allen Situationen des Lebens immer Alternativen gebe, die man nur wahrnehmen und erkennen müsse. Dies hat einen großen Anteil daran, dass immer mehr Menschen Rat bei der sogenannten Alternativmedizin suchen, die als Pendant der pauschal diffamierten Schulmedizin gegenübersteht. Nach Ansicht der Esoteriker muss sich auch die medizinische Forschung vor dem spirituellen Gericht verantworten. Das Studium der Medizin wird relativiert, wenn alles im eigenen Selbst vergraben ist. Und wenn trotz teurer Seminare mit all ihrem Zubehör die Probleme nicht besser werden und der Mensch nicht zu sich selbst durchdringt, liegt es natürlich an der immer noch nicht richtig erkannten Weltsicht. Fernheiler, Selbstheiler und andere sogenannte Therapeuten bieten noch weitere Lösungen an, was zu einer Endlosschleife werden kann oder aber das eigene Ende hervorruft, das mit einer vernünftigen Schulmedizin vielleicht erst später käme.

»Bereits eine Viertelmillion Deutsche praktizieren Reiki« titelt 1993 die Hamburger Ausgabe des Esoterikblattes *Körper, Geist und Seele* (KGS).[50] Es geht um »Glück, Gesundheit und Gelassenheit durch Aktivierung universaler Lebenskraft«[51]. Reiki (japanisch: »universelle Lebensenergie«) ist inzwischen eine sehr etablierte alternative Methode der »heilenden Hände«. Die in mehreren Kursen übertragenen Einweihungen führen zum Grad des Reiki-Meisters oder Reiki-Lehrers und bieten nebenbei einen praktischen Weg zur Erleuchtung. Ganz neu ist die Angelegenheit nicht, aber die kritische Auseinandersetzung hat deutlich abgenommen, je mehr sich Reiki etablieren und verbreiten konnte.

Die Urform dieses Heil- und Initiationsverfahrens ist aus Japan nach Europa gekommen. Reiki geht auf den 1926 verstorbenen Lehrer Mikao Usui zurück. Usui suchte nach den Energien, mit denen Jesus Christus seine im Neuen Testament geschilderten Heilungswunder vollzogen hat. Während einer dreiwöchigen Fastenzeit soll er 1922 das Reiki entwickelt haben, den Fluss der Lebensenergie, die von den Händen des Meisters und Therapeuten auf den Patienten oder die Schüler übertragen wird. Dadurch würden die als Zeichen von »Unordnung« und als Blockaden betrachteten Krankheiten beseitigt und eine »Harmonie mit sich

---

50 Vgl. http://kgs-hamburg.de/CMS/.
51 Vgl. KGS Hamburg, August 1993, Reiki-Forum, XIV.

selbst und den grundlegenden Kräften des Universums«
herbeigeführt.«[52]

Die Mischung macht es wahrscheinlich auch hier. Der
»Entdecker« kommt aus dem christlichen Bereich, er
»forscht« nach den Heilmethoden des Sohnes Gottes und
es wird ihm eine Methode offenbart. Die Kräfte des Universums sind ebenso dabei wie die Möglichkeit, ohne medizinische Ausbildung in Kursen heilende Kräfte zu erlangen. Es
ist wohl kein Zufall, dass Reiki-Meister auch als Heilpraktiker tätig sind. In der Esoterikszene bewerben Reiki-Anhän-
ger gerne auch andere Angebote. Die Hoffnung ist wahrscheinlich berechtigt, dass durch die gut etablierte Methode
sich auch andere okkulte Ideen vermarkten lassen.

Gesund leben, die Gründe für Unwohlsein oder Krankheit selber erkennen können: Wohl jedes esoterische Angebot hält irgendeine, nein, die entscheidende Erkenntnisme-
thode parat. Kaum eines kommt ohne plakative, inzwischen
umgangssprachliche und verinnerlichte Begriffe aus. So
handelt es sich grundsätzlich um »alternative« oder »ganzheitliche« Ansätze. Gerne wird auch – wahrscheinlich aus
juristischen Gründen – von »ergänzenden Heilangeboten«
gesprochen. Anleihen bei der Traditionellen Chinesischen
Medizin (TCM) und anderen Verfahren aus dem asia-
tischen Raum bereichern die Palette. Die Unwissenheit der
meisten manchmal schwerkranken Hilfesuchenden über die
Ursprünge der angebotenen Heilung wird schamlos ausge-
nutzt. Wer an Heilung glaubt, muss eben nicht wissen, ob
das praktizierte Verfahren beispielsweise wirklich auf TCM
zurückzuführen ist. Um die Kunden auch bei Zweifeln im
Einflussbereich des Anbieters zu halten, kommt es wohl darauf an, die sogenannte Schulmedizin abzuwerten. Das Wort

52 Vgl. Hartmut Zinser, Esoterik. Eine Einführung, München 2009, 60.

66

Schulmedizin ist quasi zu einem Kampfbegriff geworden und damit geeignet, wissenschaftliche Studien und Erkenntnisse zu diffamieren. Ausgeblendet in den Wunschvorstellungen der Hilfesuchenden wird dabei regelmäßig, dass wissenschaftliche Medizin im Gegensatz zu alternativen Heilverfahren unter strenger Kontrolle steht. Die Wirksamkeit von Medikamenten und Methoden muss nachgewiesen werden. Sicher begünstigen die nicht immer transparenten Zulassungsmethoden und die viel diskutierte Lobbyarbeit der Pharmaindustrie in der Politik die Möglichkeit, die Schulmedizin schlecht zu machen. Andererseits fehlen die Voraussetzungen für eine gut funktionierende parlamentarische und juristische Kontrolle der Komplementärmedizin. Die Rechtsprechung stößt an ihre Grenzen, wenn sie sich mit Heilermethoden und unsichtbaren Wesen oder Strömen sowie dem gesamten Universum auseinandersetzen muss. Vielleicht spielt bei Gericht noch eine Rolle, ob und wie ein unabhängiger Richter an Gott glaubt. Schließlich berufen sich immer mehr Anbieter auf dem Heilungsmarkt auf göttliche Kräfte.

Kritisch beleuchtet werden muss auch der Bruno-Gröning-Freundeskreis[53], offiziell Kreis für geistige Lebenshilfe e. V. Er wurde 1979 von Grete Häusler gegründet, die nach eigenen Angaben 1950 bei einem Besuch eines Vortrags des Geistheilers Bruno Gröning (1906-1959) drei Spontanheilungen erfuhr. Sie stand bis zu ihrem Tod 2007 an der Spitze des Vereins, seitdem wird er von ihrem Sohn Dieter Häusler geleitet. An vielen Orten nicht nur im deutschsprachigen Raum treffen sich inzwischen Gruppen des Bruno-Gröning-Freundeskreises zu regelmäßigen »Gemeinschaftstreffen«. Ihre Zahl nimmt, von der Öffenlichkeit weitgehend

---

53 Vgl. http://www.bruno-groening.org/.

unbeachtet, immer weiter zu. Im Zentrum der Lehre steht die Vorstellung eines »göttlichen Heilstroms«. Dieser Heilstrom wird demnach aus dem Jenseits durch Bruno Gröning hindurch direkt an Menschen weitergegeben. Nur wer an die Existenz dieses Heilstroms glaube, könne ihn auch empfangen. Insbesondere von Medizinern und Kirchenvertretern wurde der Bruno-Gröning-Freundeskreis kritisiert: Heilungssuchenden würden durch Aussagen und Versprechungen falsche Hoffnungen gemacht und diese damit von notwendigen Arztbesuchen abgehalten, was teilweise akute Lebensgefahr bedeute. Der Personenkult um die Gestalt Grönings solle das Entstehen von Abhängigkeiten und die Kritiklosigkeit fördern.[54]

Die Heimsuchung göttlicher Heilkräfte fliegt aber auch gerne einmal aus anderen Ländern ein, insbesondere aus den Vereinigten Staaten von Amerika, aber auch aus Afrika. Ein selbst ernannter Heiler Gottes und Evangelist, der gebürtige Nigerianer Charles Ndifon, tingelt seit Jahren durch Deutschland. Christlich-charismatische Gemeinschaften und Pfingstlergruppen sind überzeugt von seinen göttlichen Fähigkeiten und Heilungsergebnissen. Bei seinen Veranstaltungen, zu denen die Besucher gerne mit der Bibel in der Hand erscheinen, heilt er im Schnelldurchlauf. Kritische Kommentare, die hin und wieder im Internet zu finden sind, werden mit fehlender Erkenntnis abgetan. Ungläubigkeit ist verboten.

Das zur Propaganda gehörende Buch kann bei den Veranstaltungen ebenfalls erworben werden. Ein angeblich unabhängiger Journalist hat es geschrieben. Schon das Inhaltsverzeichnis kündet von den Wunderheilungen, zum Beispiel in

---

54 Vgl. Hartmut Zinser, Esoterik. Eine Einführung, München 2009, 59.
Vgl. http://de.wikipedia.org/wiki/Bruno-Gröning-Freundeskreis.
Vgl. Hans Krech u. a. (Hg.), Handbuch religiöse Gemeinschaften und Weltanschauungen, Gütersloh 62006, 412-425.

folgenden Überschriften: »Philippinen: Pupille eines Blinden wiederhergestellt – Indien: Kinder geheilt – Hinduistischer Arzt von Epilepsie geheilt«. Der Autor dieses Werkes, Henri Nissen, wird als Journalist vorgestellt, der zuvor bereits in der Öffentlichkeitsarbeit des »dänischen Bundesparlamentes« tätig gewesen sein soll. Auch er benutzt eine typische Begründung, um den Lesern die Botschaften des nigerianischen »Erlösers« nahe zu bringen: Dem areligiösen, unwissenden Volk würde durch seine journalistische Tätigkeit endlich die Wahrheit offenbart: »Wie wir noch sehen werden, sind die Dänen wahrscheinlich eins der am wenigsten religiösen Völker überhaupt. Die Vorstellung einer geistlichen Realität wurde immer und immer wieder unterdrückt, sogar von der Kirche, die ein intellektuelles, verstandesmäßiges Christentum gepredigt hat, ohne Gefühle oder Gemeinschaft und fast ohne geistliche Dimension. [...] Gemeinsam mit einigen anderen Ereignissen wurde die Fernsehserie *Übernatürliche Kräfte* deshalb zu einem wahren Augenöffner. Nicht nur die Weltanschauung des Fernsehproduzenten geriet dadurch ins Wanken, sonder auch die der meisten Zuschauer.«[55] Es folgen Geschichten über Geschichten bezüglich der Heilungen während der Veranstaltungen von Ndifon, und selbstverständlich wird betont, dass die sogenannten Heilungsgottesdienste des Wundermannes kostenfrei sind. Dass der Eintritt frei ist, entspricht durchaus der Wahrheit, allerdings werden gegen Ende des Abends Spenden erbeten, wie es die Autorin selber bei einer Veranstaltung in Hamburg erlebt hat. Dort wurden mehrere Sammelbehälter von gläubigen Anhängern mit Geldscheinen gefüllt.

Nissen schreibt in seinem Buch auch, dass Ndifon ei-

---

55 Henri Nissen, Ein Gott, der Wunder tut. Ein dänischer Journalist untersucht die Heilungen im Dienst von Charles Ndifon, Lüdenscheid 2004, 8.

gentlich kein Heiler sei und heilen könne, sondern dass Gott durch ihn handele.»Charles Ndifon sagt, dass wir Gottes Wort für bare Münze nehmen sollen, wenn Gott sagt: ›Ich bin der HERR, der dich heilt.‹ (2. Mose 15,26) [...] ›Gottes Arznei ist sein Wort‹, proklamiert Ndifon und wirft mit Bibelstellen um sich wie ›Fürchte den HERRN und weiche vom Bösen. Das wird deinem Leibe heilsam sein‹ (Sprüche 3, 7-8)«.[56]

Damit auch keine Zweifel aufkommen, dass die christliche Heilungsvariante die einzig wahre sein muss, spricht Nissens Abhandlung eventuellen Konkurrenten aus anderen Bereichen ihre Fähigkeiten ab.»Eine Dame erzählte Mona (einer Schülerin des Meisters – die Verf.) am Telefon von dem indischen Guru Sai Baba, von dem sie glaubte, dass auch er Menschen durch die Kraft Gottes heilt. Mona gab es schließlich auf, zu versuchen, dieser Frau zu erklären, dass es sich nicht um denselben Gott handelte.«[57] Das war, bevor Sai Baba (1926-2011) durch verschiedene Berichte in der Nachrichtensendung mit dem Titel *TV-Avisen* im Februar 2002 als Betrüger und Pädophiler entlarvt wurde. Man sieht daran, die Konkurrenz ist hart. Es sollte schon der »richtige« Gott sein, wenn die Heilung bei Menschen funktionieren soll.

Auch die christlich-charismatische Bewegung in Deutschland ist aktiv und verbreitet sich mangels klarer Kritik in den Medien immer weiter. Vergleicht man die kritische Auseinandersetzung mit anderen Anbietern in der Heilungsszene, kommen jene auf jeden Fall hin und wieder schlechter weg als die christlich-charismatische Bewegung. Im Namen des Vaters und des Sohnes und – nicht zu vergessen – des Heiligen Geistes wird Unmögliches versprochen.

---

56 Ebd., 17.
57 Ebd., 16.

Hervorgetan aus dieser Szene hat sich in den letzten Jahren ein Heiler mit dem Namen Reinhard Bonnke (* 1940), ein Evangelist aus dem Bereich der Pfingstbewegung. Die Angebote gleichen denen des eingereisten Mr. Ndifon: Alles, aber auch wirklich alles ist heilbar, heute noch genauso wie zu Jesu Lebzeiten. Warum sollte auch nicht möglich sein, was die Bibel doch berichtet. Denn selbstverständlich ist es nicht Herr Bonnke, der heilt, sondern Jesus Christus selbst:»Wer eben Heilung empfangen hat, der soll mal seine Hand hochheben, komm und zeig es mal, was Jesus eben getan hat.«[58] Bonnke lädt Gläubige ein, ein Zeugnis von ihrer angeblichen Heilung abzulegen.

Es ist vermutlich zu viel verlangt, von den christlichen Institutionen eine klare Aussage zu erwarten, der Dreifaltige Gott könne keine Heilung bewirken. Wer an Wunder glaubt, muss Schwierigkeiten haben, bei diesem Thema Grenzen zu ziehen. Für unheilbar kranke Menschen wäre es allerdings wünschenswert, wenn der Wunderglaube wenigstens von Zeit zu Zeit relativiert würde. Also dürfte es die Aufgabe des Staates sein, hier tätig zu werden. Staatliche Institutionen könnten sich dabei durchaus auf die Weltanschauungsbeauftragten der Kirchen berufen. Schließlich machen auch diese Erfahrungen in ihrer Beratung mit Opfern der Szene und berichten vom Leid der Betroffenen.»Der Weltanschauungsbeauftragte der evangelischen Kirche in Württemberg, Hansjörg Hemminger, berichtet von einem solchen Fall. Ein Mädchen aus einer fundamentalistischen Gemeinde sei gestorben, weil die Mutter das stoffwechselkranke Kind nicht behandeln ließ, sondern auf die Heilung durch das Gebet vertraute.«[59]

---

58 Oda Lambrecht / Christian Baars, Mission Gottesreich. Fundamentalistische Christen in Deutschland, Berlin 2009, 17.
59 Vgl. ebenda, 18.

Die persönlichen oder familiären Katastrophen ähneln sich, wenn Menschen auf Scharlatane hereinfallen. Ob es sich um christlich-charismatische oder fundamentalistische Strömungen handelt, um heilende Kräfte aus Pflanzen, heilende Ströme aus dem Universum oder die Versprechungen der möglichen Selbstheilungskräfte im Körper, alle diese Methoden und Ansätze gehören auf den Prüfstand und unter konsequente staatliche Kontrolle.

Wer Hilfe sucht, verliert allerdings leicht den Überblick dadurch, dass sich unter den Heilern auch klassisch ausgebildete Ärzte und Therapeuten tummeln, die den kommerziellen Markt der sogenannten Naturheilverfahren für sich nutzen und anscheinend häufig ihre Ausbildung vergessen.

So kann sich zum Beispiel die nach Rudolf Steiner entwickelte Heilmethode einiger anerkannter Befürworter erfreuen. Durch das nur in Deutschland existierende Heilpraktikergesetz ist vieles möglich, was in anderen Ländern undenkbar ist. Für die medizinische Versorgung von Menschen braucht man kein Medizinstudium, eine einfache Heilpraktikerausbildung (Dauer 1-3 Jahre) reicht völlig aus. Auch die Heilpraktikerszene ist zu großen Teilen von der Esoterik vereinnahmt. Dies macht es Menschen, die vielleicht eine zweite Meinung zu ihrem Leiden einholen wollen und nicht auf die Schulmedizin allein vertrauen, noch schwerer, sich dubiosen Heilungsangeboten zu entziehen.

Es gibt zahlreiche Berichte von Betroffenen, wie leicht Menschen in die Hände von unzureichend ausgebildeten Therapeuten geraten. Auch das ist kein neues Phänomen. Eine theologische, psychologische oder therapeutische Ausbildung sorgt in der Regel zunächst für einen Vertrauensvorschuss. Im Jahr 1991 berichtet eine Geschäftsfrau über ihren Weg in eine umstrittene Gemeinschaft: »Wegen seelischer

Probleme kam ich in die Gruppe um Alfred W. Siebel. Ich fühlte mich sehr wohl, es waren nette Leute mit gleichen Interessen. Aber alles war auf Siebel ausgerichtet. Man wollte von ihm gelobt werden, man wollte Streicheleinheiten von ihm. Schließlich tat ich immer das, was ich dachte, was Siebel von mir wollte. Er hatte neben der Psychotherapie noch eine Unternehmensberatung und betreute meinen Betrieb. Das war mein größter Fehler. Heute weiß ich: Es ist ein Unding, Therapie und Geschäft zu mischen. Siebel beriet mich falsch, und schließlich verbot er mir, meinen Betrieb zu betreten, weil das nicht gut für mich sei. Ich durfte nur einmal in der Woche Schecks unterschreiben. Ich bekam Zweifel. Meine Depressionen verstärkten sich, Sprachstörungen kamen hinzu. Durch die Hilfe von Leuten, die auch bei Siebel gewesen waren und seine Methoden kannten, kam ich schließlich von der totalen Abhängigkeit los.«[60]

Die Warnung vor denjenigen, die mit einer soliden Ausbildung das Handwerk der heilenden Erkenntnis betreiben, ist noch schwerer als in anderen Fällen. Auch für die Angehörigen von Betroffenen ist es schwieriger, theologisch oder psychologisch versierte Scharlatane zu durchschauen und eventuelle Gefahren für den geliebten Menschen oder die Familie zu erkennen. Wird die Vertrauensbasis sofort gelegt, führt der Weg in eine den eigenen Entscheidungswillen einschränkende Gruppierung manchmal beängstigend schnell.

Gerade bei den Anbietern der Szene, die eine gute Ausbildung haben, ist festzustellen, dass es im Gegensatz zu den erkennbar auf der Esoterikschiene auftretenden The-

---

60 Joachim Keden/Hansjörg Hemminger/Joachim Schmidt-Dominé, Gurus, Geister, Heiler und Propheten. Menschen auf der Suche nach Heil, Gesundheit und Glück, Neunkirchen-Vluyn 1991, 16.
Mehr zu den Aktivitäten des ehemaligen Pastors Walter Alfred Siebel unter http://www.agpf.de/Siebel.htm.

rapeuten nicht darauf ankommt, ob der Hilfe suchende Mensch bereits mit esoterischem Gedankengut konfrontiert war. Es genügt, an den falschen Therapeuten zu geraten, um eventuell einige Zeit später vor dem Scherbenhaufen einer Familie zu stehen.

Ein Beispiel dafür ist das selbst ernannte »Sprachrohr Gottes«, der Diplom-Psychologe Andreas Hortmann in Wiesbaden. »Wer Mitteilungen des Hortmann an seine ›Schüler‹ liest, dem drängt sich zuweilen der Verdacht auf, dass da ein Größenwahnsinniger schreibt. Da wird die Brandstiftung in seinem Haus mit den ›Wunden der Kreuzigung vom Karfreitag‹ verglichen. Und der Umzug seines Institutes für Spirituelle Psychologie in die Alexanderstraße gerät zur ›Auferstehung‹ und neuen Ära.«[61]

Andreas Hortmann und sein Institut gehören zu den Organisationen der Szene, die regional beginnen und dann durch Mund-zu-Mund-Propaganda die regionalen Grenzen überschreiten. Irgendwann reisen auch aus anderen Bundesländern Menschen nach Wiesbaden, um bei Hortmann spirituelle Erleuchtung zu erfahren und vielleicht selber zum spirituellen Lehrer aufzusteigen. Die Tatsache, dass der Diplom-Psychologe seinen Anhängern eine Qualifikation vorzeigen kann, sichert ihm wahrscheinlich eine schnelle Vertrauensbildung in seine angeblichen Fähigkeiten.

In den internen Schriften, die die Hilfe suchenden Menschen Schritt für Schritt in die Gruppenstruktur einbinden und dazu führen, dass Hortmann als »Sprachrohr Gottes« Akzeptanz findet, vermischen sich verschiedene ideologische Ansätze. Schließlich gilt aber die Lehre, dass nur einer die wirkliche und einzige Wahrheit kennt: Andreas Hortmann. »Die Lehrinhalte verstehen sich als DIE univer-

61 Wiesbadener Kurier, 9.5.2003, 3.

74

selle Wahrheit – jenseits von Zeitgeist und unabhängig von gesellschaftlichen Konventionen.«[62] Ehemalige Anhänger Hortmanns berichten davon, dass die Abhängigkeit seiner Gläubigen soweit ging, dass im eigenen Heim eine Art Altar aufgebaut wurde. Auf diesem fand sich neben Blumen ein gerahmtes Foto des Gurus.

Wie kann es anders sein, auch bei »Gottes Sprachrohr« ging und geht es wahrscheinlich bis heute um das liebe Geld. Die angebotenen Seminare sind teuer, und die inzwischen fest eingebundenen Mitglieder der Gruppe, die in der Regel in einer Lebenskrise an den Diplom-Psychologen Hortmann geraten sind, zahlten und bemerkten nicht, wie sie langsam in eine Anhängigkeit zum System dieses Herrn gerieten.

In einem Gerichtsverfahren in Hessen schildern Ehemalige die Situation, in der sie sich befanden: »Geld-Zahlungen waren mit Ritualen verbunden. Dem Gruppenzwang ausgesetzt und vom Wunsch beseelt, nach dieser Spende wieder Fuß fassen zu können, zahlten die Klienten. ›Hätten wir nicht gezahlt, hätten wir damit signalisiert, dass uns Hortmann nicht so viel wert ist‹, schildert die junge Frau als Zeugin vor Gericht.«[63] Im Gerichtssaal wird deutlich, wie die Anhänger von Hortmann mit der Zeit langsam ihren Lebensmittelpunkt in sein Institut verlegen und seine Lehre immer mehr in sich aufnehmen und danach leben. Selbstbestimmt durchs Leben gehen wird anscheinend durch den Einfluss dieses Psychologen immer schwerer. Nur so lässt sich erklären, was zu den Spendenritualen im Gericht geschildert wird: »Hortmann habe regelmäßig Zahlungs-Rituale eingeführt, sagt sie (die Zeugin – die Verf.). Sie etwa wiederholte mit jedem Schein, den sie ihrem Guru gab,

---

62 ISP Firmenphilosophie, 12.12.1998.
63 Wiesbadener Kurier, 26.2.2004.

jene Worte, die er ihr zuvor gesagt hatte: ›Hiermit sende ich meinen Herzenswunsch für mehr Selbstachtung und mehr Selbstwertgefühl.‹«[64]

Der Diplom-Psychologe Andreas Hortmann steht beispielhaft für viele Klein- und Kleinstgruppen esoterischer Heilsbringer. Unsicherheiten von Menschen, Angst nach schweren Erkrankungen, Ehekrisen, alles, alles ist heilbar, so glauben sie. Wie bei anderen Anbietern auch, muss alles therapiert werden. Die Menschen werden als krank definiert. Denn nur wer krank ist, braucht eine Therapie. Wer diesen Grundsatz von Unwohlsein, Krankheit oder krankhaftem Verhalten akzeptiert, fühlt sich automatisch schwach oder hilfsbedürftig. Häufig genug wird ein Minderwertigkeitsgefühl übernommen, das man bei weiteren Seminaren wieder los zu werden hofft. Dieses Schema, den Menschen erst einmal in eine schwache Position zu bringen, ist typisch für die Szene.

Andreas Hortmann hat von sich selbst als Therapeut eine sehr hohe Meinung, die bedenklich stimmen muss. So stellt er fest, dass er Gott in der »Licht-Hierarchie« weitaus näher stehe als etwa der Dalai Lama.[65] Außerdem bekennt er sich freimütig vor Gericht als Anhänger der sogenannten Rebirthing-Therapie des Leonhard Orr. Er spricht von »therapeutischen Instrumenten«, die er anwendet, und die die immer folgsamer werdenden Anhänger dazu bringen, für ein »Glatzen-Seminar« Geld zu bezahlen, weil sie ihm glauben, dass das Abschneiden der Haare ein symbolisches Geschenk an Gott darstelle.

Selbst nach Verlassen der Hortmann-Organisation und damit dem Entzug des Einflusses auf das individuelle Leben

64 Ebd.
65 Vgl. ebd.

durch ihn fällt es den Opfern schwer und dauert es lange, bis sich einige entschließen, ihn vor Gericht zu bringen und zur Rechenschaft zu ziehen. Nur wenigen Personen gelingt es, die Distanz zu dem Erlebten herzustellen und diesen Schritt zu gehen. Recht zu bekommen oder gar die erhoffte Gerechtigkeit in einem deutschen Gerichtssaal zu erleben, ist allerdings schwierig, wenn die Gegenseite ein abgehobener Guru ist. Einige Opfer geben sich daher schon mit der Motivation zufrieden, wenigstens ein wenig von dem investierten Geld zurückzuerhalten für die verlorenen Jahre.

Selten genug, aber Andreas Hortmann musste sich vor Gericht verantworten. Wer nun glaubt, auch ein Mensch wie er könne sich beeinflussen lassen und zur Einsicht kommen, hat sich getäuscht. Noch im Gerichtssaal verweigerte Hortmann die Rückzahlung wenigstens eines Teiles der Gelder, die ihm die Kläger gezahlt haben. Seine Begründung ist einem esoterischen Heiler angemessen und entsprechend zynisch: «Wenn ich dies täte, würde ich den therapeutischen Vorgang wieder rückgängig machen. Ich will aber den Heilerfolg nicht gefährden.»[66]

Das Beispiel zeigt die Probleme der deutschen Justiz. Es wird regelhaft davon ausgegangen, dass sich die Menschen freiwillig in die Hände des jeweiligen Anbieters begeben und sich jederzeit wieder lösen können. Völlig übersehen wird nach wie vor, dass die entstehende Abhängigkeit zu einem das gesamte Leben vereinnahmenden Verhalten führt. Die Folge kann die völlige Aufgabe der eigenen Persönlichkeit sein. Ohne die Gruppe, ohne die Anerkennung des Leiters meinen viele, nicht mehr bestehen zu können. Der mögliche Grund, warum man einen Psychologen aufgesucht

---

66 Ebd.

hat, nämlich eine wie auch immer geartete Lebenskrise zu bewältigen und wieder befreit das Leben gestalten zu können, verkehrt sich ins Gegenteil. Nicht die selbstbestimmte Freiheit, sondern die Fremdbestimmung des Therapeuten prägt das Leben der einzelnen Person und fast immer der Angehörigen um sie herum. Bis heute ist Andreas Hortmann aktiv. Trotz verschiedener kritischer Berichte in den Medien, trotz der Tatsache, dass einige seiner langjährigen Anhänger sich lösen konnten: Viele sind bei ihm geblieben, und regelmäßig kommen neue Anhänger dazu.

Die Angehörigen, die dem Weg nicht folgen wollen, werden für das abhängige Mitglied der Gruppe zum Hemmschuh, wenn nicht sogar zum Feind. Ohne die Droge Guru geht es nicht mehr. Den Angehörigen und der Umgebung wird in der Regel viel zu spät klar, dass es keiner Substanzen bedarf, um Suchtverhalten zu entwickeln. Eine Sucht kann sich auch anders entwickeln.

Mit der Entstehung dieses Verhaltens haben sich auch Fachkonferenzen bereits beschäftigt: »Und gleich den Kochrezepten, die dem Menschen durch eigenes Handeln eine Verfeinerung und Vervielfältigung des Geschmackes bescheren, ist er auch in der Lage, durch verschiedene Methoden das Rauscherlebnis mitzugestalten. So kommt es zu einer breiten Genusskultur unter den Menschen. Diese Vielfalt gestattet es allen Berauschten, Ekstatischen, Transzendierten und Erleuchteten ein Dasein mit sich selbst als etwas Besonderes, in ihrer subjektiven Erlebniswelt zutiefst Autonomes, zu fristen, scheinbar autonom von der Gesellschaft und ihren Normen, ja von Beziehungen zu Menschen überhaupt. Und wer sich nicht mitteilen kann, der braucht sich auch nicht rechtfertigen. Der Hauptdarsteller in dem Kinofilm ›Trainspotting‹ antwortet auf die Frage, warum er Heroin nimmt: ›Wozu braucht man Gründe, wenn man Heroin hat? Wozu braucht man die Welt, wenn man das Göttliche hat?‹«[67]

Folgt man den Suchtexperten in dieser Aussage zum spirituellen Suchtverhalten, wird deutlich, warum es häufig so schwer ist, spirituell abhängige Menschen zu erreichen. Sie brauchen die äußere Welt nicht mehr, oft genug auch nicht mehr die Menschen, die sie vor ihrer Sucht geliebt und mit denen sie zusammengelebt haben. Immer wieder hört man in der Diskussion um die Phänomene in diesem Bereich, dass die abhängigen Menschen Befehlen folgen, die sie zum Beispiel zum Bruch mit ihrem Lebenspartner bringen oder sie ihren Job kündigen lassen, um nun ganz den Lehren zu folgen. Diese Annahme ist in der Regel falsch. Ein Süchtiger braucht keine Anweisungen mehr, er funktioniert in seinem Suchtsystem, ohne zu erkennen, dass er Freiheit und Selbstbestimmung aufgegeben hat. Die persönlichen Katastrophen – nicht nur die finanziellen – vom Auseinanderbrechen der Familien, über die abgelehnte fachärztliche Betreuung für sich oder die eigenen Kinder bis zum Suizid sind schon lange keine Einzelfälle mehr, obgleich die Öffentlichkeit dies immer wieder gerne so verstehen will.

Auch hier darf nicht unterschätzt werden, dass die alternative Medizin längst von Politik und Gesellschaft anerkannt ist, ohne dass man sich darüber Gedanken macht, was sich unter diesem Begriff alles sammelt und Unheil anrichtet. »Menschen haben ihr Leben, ihre geistige Gesundheit oder auch nur ihr Wohlbefinden verloren, nachdem sie an esoterischen oder ›alternativen‹ Psycho-Techniken teil-

---

67 Michael Gerland, Sucht und süchtiges Verhalten. Dokumentation der Fachtagung »Individuum – Sucht – Gesellschaft, Formen der Abhängigkeit in der spirituellen Suche«, Fachhochschule Hamburg, 6. November 1999, 15.

genommen haben. Techniken, die in keiner Weise fundiert oder erprobt waren [...]. Viele Betroffene geben den Glauben dennoch nicht auf, einmal die richtige Blitz-Technik zu finden. Sie absolvieren dann hintereinander eine Familienaufstellung, Rebirthing, den Quadrinity-Prozess und schicken Bestellungen ins Universum. Immer in der Hoffnung: Diesmal klappt's«.[68]

Wer soll also wann skeptisch werden bei den Angeboten, um nicht in die »Heilungsfalle« zu laufen? Alternative Methoden müssen nicht schlecht sein, so ist inzwischen die gängige Meinung, und ein weiteres Wort hat sich etabliert, das universell verwendet wird: ganzheitlich. Ein Begriff der Esoterik-Szene. Da er aber schon lange positiv besetzt ist, wird er keine Alarmsignale auslösen, wenn man auf der Suche nach einer Therapie auf ihn stößt.

Schon im Jahr 1999 kam das *Handbuch für ganzheitliche Therapie und Lebenshilfe* auf den Markt.[69] Auf der Vorderseite wird ein bundesweites Verzeichnis über Personen und Angebote zum Themenkomplex angekündigt. Es handelt sich einerseits um eine Art Werbeschrift für einschlägige Anbieter, andererseits um ein Nachschlagewerk für die Anbieterszene mit Texten zu Therapieformen sowie zur Situation der Szene. Das Buch macht deutlich: Ganzheitlichkeit ist in, und die Heiler wissen das.

Unter der Rubrik Therapie findet sich das Neuro-Linguistische Programmieren ebenso wie das Angebot einer Seelentherapie mit Blütenenergie von einer gewissen Mechthild Scheffer. Auch das systemische Familienstellen nach Bert Hellinger ist selbstverständlich dabei. Bei dem ganz-

---

68 Heike Dierbach, Die Seelenpfuscher. Pseudo-Therapien, die krank machen, Reinbek 2009, 7 f.
69 Vgl. Reiner Böning/Bernhard Neuwald, Handbuch für ganzheitliche Therapie und Lebenshilfe, Gschwend 1999.

heitlichen Ansatz dieses Handbuches darf ein Abschnitt über Selbsterfahrung natürlich ebenfalls nicht fehlen. Unter diesem Abschnitt sind Darstellungen zur Energiearbeit verzeichnet sowie – selbstverständlich für die Szene – die Reinkarnationstherapie von Dr. Rüdiger Dahlke, der auch das Kapitel *Einführung in die Therapie-Szene* geschrieben hat. Er beginnt diese Einführung mit der Feststellung, dass sich die in diesem Handbuch zusammengestellte Therapeutenszene auf dem Vormarsch befinde. »Jedes Jahr totgesagt, wächst die alternative Therapieszene meist stetig und manchmal sogar sprunghaft weiter. Inzwischen ist sie bereits so weitläufig, dass Schulmedizin und -psychologie einerseits und die großen Kirchen andererseits sie als ernstzunehmende Konkurrenz betrachten und nach Kräften zu bekämpfen suchen. Allerdings mit immer weniger Erfolg.«[70] Ja, Herr Dahlke hat schon damals erkannt, dass von Seiten der Politik kein Widerstand für die Entwicklung der Heilerszene zu erwarten war.

Das Handbuch gibt den Anbietern und Heilern zusätzlich Tipps, wie man juristische Auseinandersetzungen am besten vermeiden kann. Dr. Barbara Wolf-Braun kommt unter der Überschrift *Forschungsergebnisse zur Geistigen Heilung* am Ende ihres Beitrages zu diesen Ausführungen: »In letzter Zeit haben gerichtliche Verfahren gegen die Heilerin Uriella die öffentliche Aufmerksamkeit auf die problematische Seite des Geistigen Heilens gelenkt.«[71] Uriella, die Chefin von Fiat Lux, einer der umstrittensten Gruppen der letzten Jahrzehnte, wird hier als gleichberechtigte Heilerin angesehen, die juristische Probleme bekam. Um solche Schwierigkeiten zu vermeiden, gibt die Verfasserin Heilern

---

70 Ebd., 13.
71 Ebd., 20.

den Tipp, auf bestimmte Aussagen zu verzichten, zum Beispiel pauschale Heilsversprechen wie »Ich werde Sie wieder gesund machen«, »Ich kann ihre Krebskrankheit heilen«.[72] Die meisten Menschen werden auf solche Aussagen gar nicht warten, befinden sie sich doch in der Regel umgeben von Menschen, die behaupten, von diesem oder jenem Heiler geheilt worden zu sein. Für die juristische Auseinandersetzung lohnt sich eine solche Taktik jedenfalls, da es speziell im Strafrecht darauf ankommt, ob jemand die Heilung oder nur die Linderung einer Krankheit versprochen hat. Wie schön, dass sich die Tipps zur Vermeidung strafrechtlicher Verfolgung so praktisch in einem Handbuch nachlesen lassen.

---

72 Vgl. ebd.

New Age und die Folgen

New Age ist ein unscharfer Sammelbegriff. Eine klare Definition hat sich bisher nicht etabliert, und die Bezeichnung wurde in sehr freier Weise verschiedensten Strömungen und Gruppierungen zugeordnet, sodass sich viele unterschiedliche Assoziationen bilden konnten. Das »Neue Zeitalter« galt als Protest gegen eingefahrene Lebensweisen und gleichermaßen als Antwort auf den Einfluss der christlichen Kirchen auf den Staat. Ebenso waren spirituelle Gedanken und Lehren als Mittel gegen die Unwägbarkeiten des Lebens im New Age verankert.

In der Regel gilt die Bewegung politisch als eher links orientiert, mindestens aber als alternativ, zumal die New-Age-Ideologen einen Aufbruch zu neuen Wegen und neuen politischen Antworten verkündeten. Die Protestbewegungen der 60er- und 70er-Jahre des letzten Jahrhunderts, die die fortschrittliche gesellschaftliche Entwicklung der Gegenwart vorbereitet haben, wurden von den Anhängern des New Age häufig für ihre Zwecke vereinnahmt. Ökologie-, Friedens- oder Frauenbewegung, alles musste ideologisch dafür herhalten, um den politischen New-Age-Ansatz gesellschaftsfähig zu machen. Wie sich zeigt, mit Erfolg: In den 80er-Jahren entfaltete das »Neue Zeitalter« sozusagen seine volle Blüte.

Es gibt eine Fülle von Primärquellen und Sekundärliteratur zum New Age. Das in Deutschland meistverkaufte Standardwerk war das Buch »Wendezeit« des Physikers Fritjof Capra.[73] Er hat die politischen Zeichen erkannt und als Auf-

---

73 Vgl. Fritjof Capra, The Turning Point. Science, Society and the Rising Culture, 1982; deutsch: Wendezeit. Bausteine für ein neues Weltbild, Bern/München 1983; zahlreiche Neuauflagen, aktuelle Taschenbuch-Ausgabe 2004.

ruf formuliert, in eine neue Zeit aufzubrechen. Die Grundthese lautete, alle Probleme der Welt seien lösbar, denn sie hätten nur eine Ursache: Die Wahrnehmung der Menschen steckt in einer Krise. Was es auch sei, Arbeitslosigkeit, das marode Gesundheitssystem, ökologische Katastrophen, vergiftete Umwelt sowie die von Capra prognostizierte steigende Flut von Gewalt und Verbrechen seien reine Wahrnehmungsprobleme. Anfang der 1980er-Jahre fielen seine Schlussfolgerungen auf fruchtbaren Boden.

»In den sechziger und siebziger Jahren sind eine ganze Reihe gesellschaftlicher Bewegungen in Gang gekommen, die sich alle in derselben Richtung zu entwickeln scheinen, wobei jeweils unterschiedliche Aspekte der neuen Sicht der Wirklichkeit hervorgehoben werden. Im Augenblick agieren die meisten dieser Bewegungen noch getrennt voneinander und sind sich der wechselseitigen Beziehungen ihrer Zielsetzungen noch nicht bewusst geworden. Zweck dieses Buches ist es, ein zusammenhängendes Gedankengebäude zu liefern, das uns helfen soll, die Gemeinsamkeiten ihrer Endziele zu erkennen. Sobald das geschehen ist, können wir erwarten, dass die verschiedenen Bewegungen zusammenfließen und zu einer machtvollen Kraft gesellschaftlicher Veränderung werden. Der Ernst und das weltumspannende Ausmaß unser gegenwärtigen Krise deuten darauf hin, dass dieser Wandel wahrscheinlich zu einer Umgestaltung von beispiellosen Dimensionen führen wird, einem Wendepunkt für unseren Planeten in seiner Gesamtheit.«[74]

Neben den klar formulierten politischen Vorstellungen für eine bessere Welt beschreibt Capra, welche Art Mensch notwendig ist, damit die »beispiellosen Dimensionen der

74 Ebd., Sonderausgabe 1988, VIII f.

Umgestaltung« der Welt überhaupt funktionieren können. Anscheinend hat er die freie Meinungsbildung und den individuellen Gestaltungswillen der Menschen als kontraproduktiv für den allumfassenden Sinneswandel ausgemacht, denn der freie Wille steht bei ihm ziemlich deutlich auf der Anklagebank. Der freie Wille ist nach Capra ein relativer Begriff. Soweit kann man vielleicht noch folgen, denn durch welche Einflüsse und Manipulationen der einzelne Mensch zu einem bestimmten Handeln angehalten wird, beschäftigt insbesondere im Zusammenhang mit geschlossenen Systemen im sogenannten Sektenbereich immer wieder die Gerichte.

Der freie Wille wird in einer demokratischen, freien Gesellschaft als lenkendes Kriterium für das Handeln als feste Größe vorausgesetzt. Ab wann ist der Mensch für sein Verhalten nicht mehr allein verantwortlich? Capra hat die angebliche Lösung gefunden, die sich in den esoterischen Weltbildern heute immer wieder findet: »Dieser relative Begriff des freien Willens scheint in Übereinstimmung zu stehen mit der Lehre mystischer Überlieferungen, deren Anhänger ermahnt werden, die Vorstellung von einem isolierten Selbst zu transzendieren und sich dessen bewusst zu machen, dass wir untrennbare Teile des Kosmos sind, in den wir eingebettet sind. Ziel dieser Überlieferungen ist es, sich vollständig aller Ich-Empfindungen zu entledigen und in mystischer Erfahrung mit der Totalität des Kosmos zu verschmelzen. Sobald ein solcher Zustand erreicht ist, scheint die Frage nach dem freien Willen ihre Bedeutung zu verlieren. Wenn ich das ganze Universum bin, dann kann es keine Einflüsse ›von außen‹ geben und alle meine Handlungen sind spontan und frei.«[75]

Der Kosmos, das große Ganze für den kleinen Menschen:

---

75 Ebd., 298 f.

Wer sich auf diesen Weg begibt, ist nach Capra unabhängig. Allerdings bleiben die freie Entscheidung und der freie Wille dann auf der Strecke, und demokratische Systeme stehen im Universum auch nicht auf dem Programm. Vieles, was bei Capra nachzulesen ist, findet sich in unterschiedlichen Varianten in den vom freien Willen losgelösten Angeboten der heutigen Esoterik-Szene wieder mit zum Teil verheerenden Auswirkungen auf die betroffenen Menschen.

Die ideologischen Eltern der Szene sind jedoch älter, und die Schriften sind nicht in den 80er Jahren entstanden, sondern viel früher. Will man die ideologischen Grundlagen kennen, die über Capra und andere bis heute wirken, kommt man an bestimmten Personen nicht vorbei. Die »Urgroßmutter« ist wohl Helena Petrowna Blavatsky (1831-1891), die wichtigste Begründerin der Theosophie. Sie hat sozusagen den ersten Gesamtentwurf Ende des 19. Jahrhunderts geschrieben, der den verheißungsvollen Namen *Die Geheimlehre* trägt.[76] Das Werk soll die Vereinigung von Wissenschaft, Religion und Philosophie darstellen. Diese esoterische Philosophie sei die allgemein verbreitete Religion der alten und prähistorischen Welt gewesen. Die Geheimniskrämerei der esoterischen Liga nimmt ihren verhängnisvollen Anfang. Blavatsky formuliert die Begriffe, die bis heute Tausende von Menschen in esoterische Angebote ziehen. Zu den Eingeweihten, den Erleuchteten, den Auserwählten zu gehören, sei nur in diesem Kreis, nur bei diesem Seminar und nur mit dieser mit besonderen Gaben ausgestatteten Person möglich. Eine verhängnisvolle ideologische Kette, beginnend im 19. Jahrhundert: »Beweise für ihre Ausbreitung (gemeint ist die esoterische Philosophie – die Verf.), authentische Aufzeichnungen ihrer Geschichte, eine voll-

---

76 Vgl. Helena Petrowna Blavatsky, Die Geheimlehre. Das epochale Basiswerk für ursprüngliche Grenzwissenschaft, Religion und Philosophie, Reprint der ersten deutschen Gesamtausgabe von 1919, Hannover.

ständige Kette von Dokumenten, die ihren Charakter und ihre Gegenwart in jedem Lande zeigen, sowie die Lehren aller ihrer großer Adepten, bestehen bis zum heutigen Tage in den verborgenen Krypten der im Besitze der geheimen Bruderschaft befindlichen Bibliotheken. [...] Die Occultisten versichern, daß alle diese (Schriften) noch existieren, sicher vor den plündernden Händen des Westens, um in einem erleuchteten Zeitalter wieder zu erscheinen.«[77]

Der Erfolg von Blavatskys Thesen in der damaligen Zeit ist wohl vor allem dadurch zu erklären, dass sie im Gegensatz zu dem sich verbreitenden Fortschrittsglauben die Humangeschichte als eine Verfallsgeschichte konstruierte. Diese Generalkritik begründet sie damit, dass am Anfang der Menschheit nicht Unwissenheit und Irrtum gestanden hätten, sondern das absolute Wissen, das verloren gegangen sei. Dieses vorhandene, aber negierte und durch Selbstsucht, bisher unbekannte Begierden und gewissenlose Priester verschleierte Urwissen sei der Grund für die Probleme und Katastrophen der Menschheit und der Welt, also ein erzwungenes Geheimwissen. »Von nun an blieb die Kenntnis der ursprünglichen Wahrheiten gänzlich in den Händen der Initiierten.«[78] Ihr, Helena Blavatsky, hätten die Eingeweihten nun den »Schlüssel« zu Symbolen und Schriften dieser verborgenen Wahrheiten übergeben. Es fehle ihr allerdings angesichts der Zustände in der Welt die Erlaubnis, diese zu offenbaren. Trotzdem hat sie die Geheimlehre aufgeschrieben. Ob sie dafür von den eigentlichen Hütern der Wahrheit in irgendeiner Form zur Rechenschaft gezogen wurde, ist nicht überliefert.

Bekannt ist allerdings, dass auch Frau Blavatsky sich nicht nur mit der Niederschrift ihrer Wahrheiten zufrieden gab,

---

77 Ebd., Bd. I, Kosmogenesis, 18.
78 Ebd., Bd. II, Esoterik, 261 f.

sondern Mitbegründerin einer Gemeinschaft wurde, die diese ideologischen Ansichten verbreitet und mit anderen nach außen vertritt. Ihre Ansätze flossen ein in die 1875 in New York gegründete Theosophische Gesellschaft.

Gegenwärtig feiert Helena Petrowna Blavatsky mit ihrem eigentlich okkulten Geheimwissen fröhliche Urstände bei vielen esoterischen Angeboten. Das in Aussicht gestellte und irgendwann erreichbare erleuchtete Zeitalter wird von vielen Autoren und Anbietern auf dem Markt der Esoterik und des Okkultismus als Befreiungsziel des einzelnen Menschen und der ganzen Welt proklamiert. Ob sich alle immer der Ursprünge der »Urgroßmutter« Blavatsky bewusst sind, kann bezweifelt werden. Die Szene ist ja nicht gerade für Forschergeist bekannt. Wer erleuchtet ist, fragt selten danach, ob es für diese Erkenntnis schriftliche Vorlagen gibt.

Der nächste Ideologe, der bei der Darstellung esoterischen Gedankenguts nicht ungenannt bleiben darf, ist der Österreicher Rudolf Steiner (1861-1925). Seine Schriften umfassen nach Schätzungen über 360 Bände. Daneben finden sich Tausende von Vorträgen oder Mysteriendramen. »Steiner wurde 1902 zum Generalsekretär der ›Deutschen Sektion der Theosophischen Gesellschaft‹ gewählt.«[79] Nach Differenzen innerhalb der Theosophischen Gesellschaft gründete Steiner mit anderen deutschen Theosophen 1913 die Anthroposophische Gesellschaft. »Der Österreicher Rudolf Steiner ist der größte Esoteriker des 20. Jahrhunderts, bahnbrechend auf dem Gebiet der Menschenkunde, der Karma-Forschung, der spirituellen Kosmologie sowie der okkulten Erforschung des Christentums und der europäischen Geistesgeschichte.«[80]

---

79 Hartmut Zinser, Esoterik. Eine Einführung, München 2009, 17 f.

80 www.goetheanum.ch/leute/r.steiner.htm, Januar 1998, zitiert nach: Martin Lambeck, Irrt die Physik? Über alternative Medizin und Esoterik, München 2008, 78.

Albträume der neuen Zeit

Die Entwicklung der Esoterik in den 60er- und 70er-Jahren des letzten Jahrhunderts hat verschiedene Gruppierungen hervorgebracht. Die Verkündung des anbrechenden Wassermannzeitalters, in dem sich alle Probleme der Welt auflösen sollten, hat verführte Anhänger und Anhängerinnen in die unterschiedlichsten Katastrophen geführt. Das schreckliche Ende der sogenannten Sonnentempler hat Anfang der 1990er Jahre besonderes Aufsehen erregt. Deren Gründer hatten sich die ökologische Ideologie des ganzheitlichen Denkens zu eigen gemacht und waren aus der esoterischen Entwicklung hervorgegangen. Der nach außen auftretende Gründer Luc Jouret war Arzt und Homöopath. Er soll sich bereits früh mit verschiedenen Angeboten der Esoterik-Szene beschäftigt haben. So wird von ihm berichtet, dass er sich eine Zeit lang in Indien aufgehalten hat und dort Anhänger des Gurus Krishna Macharia wurde. In den 70er-Jahren näherte er sich dem keltischen Glauben an und war laut Presseberichten auch Schwarzen Messen nicht abgeneigt. In den 80er-Jahren – die alternative Medizinbewegung ist auf der Zielgeraden ihres Höhenfluges – hält Jouret in Kanada Vorträge und ist eingebettet in die Alternativmedizin-Szene, was ihm als Homöopath nicht schwergefallen sein sollte. Anscheinend hatte er für sich schon lange ein Weltuntergangsszenario entwickelt. Die Themen seiner Vorträge passen in die Zeit: *Das Kind und seine Zukunft angesichts der Umweltverschmutzung* oder *Medizin und Gewissen*. Natürlich kann Jouret heilen, wer würde ihm das als Arzt absprechen, aber die Versprechungen gehen über die homöopathischen Ansätze hinaus. Angeblich kann er auch Krebs heilen. Mit der Zeit entwickelt sich der Ansatz, solvente Manager mit Seminaren zu beglücken und abzukassieren. Das »neue Denken« soll die Wirtschaft beflügeln. Eins der Seminarangebote heißt: »Wie man körperliche und emotionale Macht erlangen kann.« Wie erlange ich Macht über andere? Das ist ein Dauerthema der gesamten Szene. Wie bei anderen Vereinigungen wird die Macht der Führer im Sonnentempel für die Anhänger und Anhängerinnen zur persönlichen Katastrophe.

Die zweite maßgebliche Figur bei den Sonnentemplern war Joseph Di Mambro. Nach allem, was einigermaßen verlässlich über ihn bekannt wurde, war er Immobilienmakler, der allerdings von sich behauptete, außerdem Psychologe zu sein. Auch er blickte wohl auf ein esoterisches Leben zurück, bevor er selbst zum Guru mutierte. So soll er sich in den 70er-Jahren als Heiler in Frankreich versucht haben. Di Mambro behauptete, als Medium Botschaften aus der Astralwelt zu empfangen, unter anderem von Jesus und anderen Großmeistern aus der höheren Welt.[81]

Der Geheimbund der Sonnentempler ging nach eigenen Angaben aus dem im 12. Jahrhundert gegründeten Templerorden hervor. Seine Mitglieder waren keine gesellschaftlichen Außenseiter oder Verlierer, sondern wohlhabende und gebildete Leute, sogar Ärzte und Ingenieure. Geheimhaltung der internen Vorgänge war auch bei den Sonnentemplern Prinzip. Nur bestimmte, auserwählte Personen, wurden in den Führungskreis berufen. Die beiden mächtigen Anführer ließen ihre Anhänger bis zum Ruin für sich arbeiten und veranstalteten im Gegenzug exklusive Medi-

---

81 Vgl. Hugo Stamm, Im Bann der Apokalypse. Endzeitvorstellungen in Kirchen, Sekten und Kulturen, Zürich/München ²1998.

tationssitzungen auf ihren Landgütern. Die Auswahl oblag nach allen Veröffentlichungen Di Mambro.

Das Leben und Wirken in einer ausgewählten Gruppe musste teuer bezahlt werden, nicht nur in materieller Hinsicht, sondern in körperlicher, mit dem Tod. Gleich drei schreckliche Massaker gingen in den 90er Jahren auf das Konto der Geheimorganisation: 1994 in der Schweiz, 1995 in Frankreich und 1997 in Kanada wurden insgesamt siebzig Leichen aufgefunden, die sternförmig angeordnet waren. Ein Massensuizid? Ob die Opfer – darunter auch Kinder – freiwillig starben, ist bis heute nicht klar. Untersuchungen deuten darauf hin, dass die Anhänger unter Drogen gesetzt und dann ermordet wurden. Auch Jouret und Di Mambro wurden 1994 bis zur Unkenntlichkeit verbrannt aufgefunden. In einem makabren, esoterisch abgefassten Testament der Gruppe begründete Joseph Di Mambro den sogenannten »Transit zu Sirius«: »Wir verlassen diese Erde, um in völliger geistiger Klarheit und Freiheit eine Dimension der Wahrheit und des Absoluten wiederzufinden. […] Wir hinterlassen den Beweis dafür, dass unser Transit in der Glückseligkeit der Vollkommenheit erfolgt, in völliger Diskretion, und in dem erlebten Bewusstsein einer exakten Wissenschaft und in Übereinstimmung mit den natürlichen Gesetzen der Materie und des Geistes, die in Wahrheit ›EINS‹ sind.«[82]

Die Dauer der Erinnerung an solche Ereignisse ist leider viel zu kurz. In der Regel gibt es keine Diskussion über den Zusammenhang mit gesellschaftlichen Entwicklungen, die es den Gurus erleichtern, Menschen in den Bann und unter Umständen in den Tod zu führen. Schnell hört man die

---

82 Zitat in: Frank Nordhausen/Liane von Billerbeck, Psycho-Sekten. Die Praktiken der Seelenfänger, Berlin 1997, 119.

Rufe, dies sei eine extreme Gruppe gewesen, ein Einzelfall, und daher nicht übertragbar auf die ganze Esoterik-Szene. Es muss nicht immer mit dem körperlichen Tod enden, aber es gibt viele Beispiele für die seelischen Qualen, die Menschen im Zusammenhang mit esoterischen und okkulten Praktiken erleiden. Es fängt häufig harmlos an. Eine Familie nimmt zur Kenntnis, dass die Mutter sich ein neues Hobby gesucht hat. Sie will etwas für sich tun und geht zu einem Yoga-Kurs, warum auch nicht. Yoga oder Meditation wird von vielen Menschen praktiziert, deshalb kann es nicht gefährlich sein, und auch an den staatlich geförderten Volkshochschulen werden entsprechende Kurse angeboten. Es darf mit Recht angezweifelt werden, dass die meisten Menschen, die sich dem Yoga zuwenden, wissen, woher es kommt, welche Bedeutung es hat und seit wann Yoga in der westlichen Welt etabliert ist. Es wird nicht wenige geben, die Yoga als eine Sportart ansehen. Anstatt zu joggen, machen wir heute Yoga-Entspannung. Das ist sicherlich eine verbreitete Form der modernen Freizeitgestaltung.

»Der Begriff Yoga stammt aus der altindischen Gelehrtensprache des Sanskrit und bedeutet so viel wie ›Anbindung‹ oder ›Vereinigung‹; das Wort ›Joch‹ geht auf dieselbe Sprachwurzel zurück. Yoga gilt als Sammelbegriff für verschiedene philosophische und religiöse Traditionen des indischen und tibetischen Kulturraumes, deren Anfänge bis zu 6000 Jahre zurückreichen. Grundanliegen des Yoga ist die ›Rück-Bindung (re-ligio) zum Göttlichen‹«.[83] Es ist ernsthaft zu bezweifeln, dass sich die Anbieter und vor allem die Kunden der diversen Yoga-Schulen des religiösen Hintergrundes ihrer Übungen bewusst sind.

Die Entwicklung des Yoga zum Volkssport der Entspan-

---

83 Colin Goldner, Die Psychoszene, Aschaffenburg 2000, 519.

nung begann wohl in den 1930er-Jahren. In dieser Zeit soll die erste Yoga-Schule in Deutschland eröffnet worden sein. Die Theosophische Gesellschaft kann als Importeur nach Europa gelten. Gesellschaftsfähig wurde Yoga in den 60er Jahren. Exotisches eroberte im Rahmen von New Age, Wassermann und Flower-Power die Jugend der damaligen Zeit. Kennzeichnend ist die Entwicklung verschiedener problematischer Gruppierungen mit fernöstlichem Einschlag, die die sogenannte Sektendiskussion über Jahrzehnte bis heute beschäftigt.

Yoga als Sport, als persönliche Strategie gegen den Alltagsstress oder als Universal-Therapeutikum, überall ist es inzwischen selbstverständlich geworden. Menschen, die sich intensiv mit Yoga und seinen therapeutischen Ansätzen auseinandergesetzt haben, warnen allerdings eindringlich vor den Gefahren, die bei Angeboten ohne qualifiziert ausgebildete Yoga-Lehrer für die Teilnehmer entstehen können. »Ohne fachlich qualifizierte Ausbildung kann Hatha-Yoga zudem hochgefährlich werden: Bei nicht sachgemäß durchgeführten Übungen können schwere Schäden etwa an der Wirbelsäule entstehen; das forcierte Atmen und die Hyperventilationsübungen des Pranayama können zu massiven psychischen Störungen führen, unter Umständen kann sogar psychotisches Wahngeschehen ausgelöst werden. [...] Es versteht sich von selbst, dass Yoga nicht aus Lehrbüchern oder über TV-Sendungen bzw. Videos (z. B. Easy-Yoga) erlernt werden kann.«[84]

Die allumfassende Anerkennung von Yoga kann dazu führen, dass andere spirituell ummantelte Angebote der Szene unkritisch in Anspruch genommen werden. Wie sehr die Suche nach neuen Wegen eine ganze Familie in die Hände von Gurus führen kann, zeigt das Schicksal einer jungen

---

84 Ebd., 521.

Frau, Lea Saskia Laasner aus der Schweiz, die traumatische Kindheitserlebnisse mit ihrer Mutter zu bewältigen hat. »Als ich etwa acht Jahre alt war, begannen sich die Dinge zu ändern. Meine Mutter beschäftigte sich zunehmend mit Spiritualität. [...] Ihr Interesse an Esoterik wurde, soweit ich mich erinnere, bei einem Yogakurs geweckt.«[85] Aus dem Yoga-Kurs und dem Interesse für Spiritualität wurde ein Weg in ein geschlossenes System, in dem ein Geistwesen das Handeln und Denken bestimmte: Ramtha. Die Yogalehrer entpuppten sich als Anhänger einer Gruppe von Ramtha-Gläubigen, die sich Licht-Oase nannte. Der Einfluss auf die Mutter und die ganze Familie wurde größer und größer, bis auch die Kinder so beeinflusst waren, dass sie sich schließlich im geschlossenen System der Gruppe wiederfanden. In der Erinnerung der Tochter liest sich der Beginn der Katastrophe so: »Sie hatte meinem Bruder Kai und mir früher schon von Ramtha erzählt und vom amerikanischen Medium Judy Z Knight, das die Fähigkeit habe, Kontakt mit Geistwesen aufzunehmen. Das Medium stelle seinen Körper zur Verfügung und nehme Strapazen in Kauf, um uns Menschen die Weisheiten Ramthas zu vermitteln, der vor 35.000 Jahren auf der Erde gelebt habe. Sein Ziel sei es, uns spirituell anzuleiten, damit wir den Aufstieg ins Licht und in die höheren Sphären schaffen würden. [...] Ramtha prophezeite eine baldige Wendezeit. [...] Einen von Katastrophen begleiteten Umbruch, vergleichbar mit der biblischen Apokalypse.«[86]

Auch die Lehre Ramthas kommt also nicht ohne Angstszenarien aus. Die Wendezeit, den Umbruch, dies alles erkennt der erleuchtete Meister. Wie es sich gehört, werden

---

85 Lea Saskia Laasner, Allein gegen die Seelenfänger. Meine Kindheit in der Psycho-Sekte. Aufgezeichnet von Hugo Stamm, Frankfurt am Main 2005, 29.

86 Ebd., 30.

von ihm sofort Feinde ausgemacht, die die Welt und die Menschen bedrohen. »Nach den Offenbarungen Ramthas wird die Welt von sogenannten ›Grauen Männern‹ beherrscht. Diese Machtclique ist nach Ramtha verantwortlich für Diktaturen, Kriege, Umweltverschmutzung auf der Erde – kurz für alles Böse.«[87]

Und hier ist wie bei anderen Esoterikern ein latenter Antisemitismus erkennbar, denn die bösen »Grauen Männer« werden bei der jüdischen Familie Rothschild lokalsiert. Endgültig an den politisch rechten Rand katapultieren sich die Offenbarungen Ramthas bei der Lobeshymne auf Adolf Hitler: »Immerhin bekommt der Diktator auch reichlich Lob des Erleuchteten für seinen angeblichen Patriotismus: ›Hitler war seinem Land wirklich absolut treu verbunden.‹ Revisionistisch heißt es weiter: ›Die Alliierten haben den Krieg nicht gewonnen. Die Grauen Männer, die den Krieg angezettelt haben, leben noch immer in ihrem elitären Wohlstand, und sie leiten noch immer diese Welt.‹«[88]

Von diesen verschwörungstheoretischen Offenbarungen wird im Yoga-Kurs wohl wenig zu hören gewesen sein, aber Ramthas Katastrophenszenarien zeigten offenkundig Wirkung bei den angeworbenen Menschen. So wuchsen die Kinder weiter in die Gruppe hinein, und durch das Leben in Wohngemeinschaften mit anderen Anhängern lösten sich die Familienbande quasi auf. Die Aufenthaltsorte reichten von Österreich über Deutschland bis nach Portugal und endeten schließlich auf einer großen Farm in Belize.

Die Erleuchteten – das nur als skurrile Randnotiz – stritten vor Gericht um das Copyright an der Marke Ramtha.

---

87 Ingolf Christiansen, Rainer Fromm, Hartmut Zinser, Brennpunkt Esoterik. Okkultismus Satanismus Rechtsradikalismus, hg. von der Behörde für Inneres, Arbeitsgruppe Scientology, Hamburg 2004, 227.

88 Ebd.

95

Die Amerikanerin Judy Z. Knight beanspruchte das Urheberrecht an Ramtha und seinen Weissagungen, nur sie könne sie empfangen. Der europäische Ableger mit seinem Führungsduo, der Nachahmerin Julie Ravell als Medium und ihrem Organisator Arno Wollensak, habe am Geistwesen keine Rechte. Die Amerikanerin gewann und konnte sich nun endgültig als alleiniges Medium des alten Geistes bezeichnen. Die Führer der Gruppe, in die Familie Laasner hineingeraten war, ließen sich durch die juristische Niederlage keineswegs aufhalten. Die Auseinandersetzung um die Lufthoheit des Geistes brachte sie auf die simple Idee einer Namensänderung. Aus Ramtha wurde Maghan, und die Gruppe akzeptierte das. Vermutlich gab es eine für esoterisch geschulte Menschen sehr logische Erklärung. »Im Flugblatt für ein Festival erklärten wir, Ramtha arbeite wegen des fortschreitenden Wandels ab sofort auf einer höheren Schwingungsebene. ›Um dieser Veränderung Ausdruck zu verleihen, hat er sich entschieden, seinen Namen zu ändern.‹«[89] Nun sprach Ramtha eben durch Maghan, wer sollte widersprechen?

Vielleicht war es Wollensak, dem Führer der Licht-Oase, der in Laasners Buch »Benno« genannt wird, auch recht, nun seine eigenen Bedürfnisse in Botschaften vom Geistwesen genehmigen zu lassen. Ähnlich wie bei Jim Jones oder Paul Schäfer in früheren Jahren wurde weitab von Europa das gelobte Land gesucht und ein Ort gefunden, in dem die hörigen Menschen ungestört benutzt und missbraucht werden konnten. Hier vollzieht sich – abgeschirmt von der Außenwelt – das, was später bei Bekanntwerden großes, aber leider nur kurzes Entsetzen auslöst: »Mit 13 Jahren wird Lea die Auserwählte des Gurus und von ihm sexuell

---

89 Lea Saskia Laasner, Allein gegen die Seelenfänger, 2005, 85.

missbraucht. Fast zehn Jahre lebt sie in der Isolation, ohne Schulunterricht, ohne Kontakt zur Außenwelt. Wie alle Gruppenmitglieder ist sie absurden Ritualen, Indoktrinationen und mentalen Manipulationen ausgesetzt. [...] Mit 21 Jahren gelingt ihr die spektakuläre Flucht.«[90] Es begann mit einem Yoga-Kurs der Mutter und endete mit der Flucht aus Missbrauch und Psychoterror.

---

90   Ebd., Klappentext.

Esoterische Lehren und die Entwicklung zum politischen Mainstream

Es ist schon vieles eingetreten in die reale Welt. Vieles, nein, das meiste wird kaum noch hinterfragt bei all den Angeboten. Einzelschicksale machen für eine gewisse Zeit Schlagzeilen, um dann wieder in Vergessenheit zu geraten. Eine spezielle esoterische Lehre kann von sich behaupten, wie kaum eine andere gesellschaftsfähig geworden zu sein, die Anthroposophie des Rudolf Steiner. Die Anthroposophen sind nicht gerade dafür bekannt, dass sie Kritik einfach annehmen. Sie sind ebenso klagefreudig wie andere Gruppen, über die es eine wesentlich größere kritische Berichterstattung in der Öffentlichkeit gibt. Da sie sich auf eine breite Lobby in der Gesellschaft berufen können, ist es nicht verwunderlich, dass sie für sich davon ausgehen, Kritik nicht hinnehmen zu müssen. Allerdings gelingt dies nicht immer. »Bezeichnend (für die Abwehrmaßnahmen von öffentlicher Kritik – die Verf.) ist insofern auch die Reaktion der Anthroposophen auf einen Beitrag des ARD-Nachrichtenmagazins *Report* vom 28.2.2000, in dem, unter Hinweis auf eine Untersuchung der Sektenkommission des französischen Parlaments, der Vorwurf (zumindest latent) rassistischer und antisemitischer Inhalte anthroposophischer Weltanschauung problematisiert wurde. Die ARD wurde mit einer Flut von Protestbriefen und Gerichtsverfahren überzogen. […] *Report* ließ sich indes nicht einschüchtern: In einer Folgesendung vom 10.7.2000 fand der Vorwurf rassistischer Lehrvorgaben an Waldorfschulen ausdrückliche Bestätigung: Das Bundesfamilienministerium sah sich vor dem Hintergrund der ARD-Recherchen genötigt, sofortigen Verbotsantrag gegen ein anthroposophisches Lehrbuch (E. Uehli: Atlantis und das Rätsel der Eiszeitkunst, Stuttgart, 1980 (3. Auflage)) zu stellen.«[91] Die Lehre Steiners aber hat es geschafft. Unter den alternativen medizinischen Angeboten nimmt sie einen festen Platz ein. Am bekanntesten sind die Schulen. Landauf, landab werden Kinder in Rudolf-Steiner-Schulen oder Waldorfschulen unterrichtet. Für viele Menschen gilt das Angebot der Anthroposophen als die beste private Alternative zu staatlichen Schulen. Viele Persönlichkeiten des öffentlichen Lebens schickten und schicken ihre Kinder in die Pädagogik des Herrn Steiner. Dass es sich dabei um den größten Esoteriker des 20. Jahrhunderts handelt, spielt schon lange keine Rolle mehr.

Wie es sich für einen Okkultisten gehört, verkündete auch Steiner, dass die sich ihm offenbarenden Geheimnisse nicht jedem zugänglich sein können. Immerhin, die Aussage, es sei ihm nicht erlaubt, über die Quellen seines Wissens zu reden, änderte sich aus welchem Grund auch immer im Jahr 1923, als er verkündete, dass es keine Geheimgesellschaft mehr gebe.

Seitdem kann die ganze Welt teilhaben an seinen Gedanken und Lehren, zum Beispiel an seiner Geistesschau der sieben Wurzelrassen. In der Schrift »Aus der Akasha-Chronik« wird erläutert, dass Steiner seine Wurzelrassen von den Poariern und Hyperboräern zur atlantischen und arischen Wurzelrasse in eine Beziehung setzt mit den sogenannten »sieben Stufen des Bewusstseins« und den sieben Planeten. Nach Steiner soll sich jeder Mensch in jeder Wurzelrasse inkarnieren. Außerdem versteht er wohl als pädagogischen

91 Colin Goldner, Die Psychoszene, Aschaffenburg 2000, 104.

Ansatz Folgendes: »Erziehung hat sich als Inkarnationshilfe auszuwirken.«[92] Sein Ruf als der entscheidende Ideengeber der Esoterik im 20. Jahrhundert basiert hierauf. »Seitdem geistern die Wurzelrassen, Lemurier, Atlantier, die Karma- und Wiedergeburtslehre und vieles andere durch die okkulte und esoterische Literatur.«[93]

Es darf wohl mit Recht angezweifelt werden, dass alle Eltern, die für ihre Kinder eine Rudolf-Steiner- oder Waldorfschule gewählt haben, sich mit dem okkulten Hintergrund des Gründers beschäftigen. Da es aber doch hin und wieder vorkommt, dass Schüler von einer anthroposophischen auf eine staatliche Schule wechseln, ist davon auszugehen, dass vielleicht nicht alle Eltern die folgenden Erkenntnisse für ihre Kinder übernehmen wollen: »Es könne einem Menschen nichts Schlimmeres zugefügt werden, als wenn man ihn zu früh an das Denken heranführe: ›Man muss die geistige Führung des Kindes so leiten, dass sie in den Organismus in der richtigen Weise hineinwirkt, dass man zum Beispiel nicht so durch das Überladen mit Gedächtnisstoff bei dem Kinde bewirkt, dass in späterem Alter Stoffwechselkrankheiten hervorkommen.‹«[94] Vielleicht haben auch einige Eltern damit Schwierigkeiten, dass ihren Kindern nicht nur das Denken in den ersten Lebensjahren abgesprochen, sondern erst in späteren Jahren durch esoterischen Zuwachs eine eigene Urteilsfähigkeit zugesprochen wird: »Erst der im Zuge der Pubertät sich gebärende ›Astralleib‹ befähige zu eigenständigem Urteil.«[95]

---

92 Vgl. Ingolf Christiansen, Rainer Fromm, Hartmut Zinser, Brennpunkt Esoterik. Okkultismus Satanismus Rechtsradikalismus, hg. von der Behörde für Inneres, Arbeitsgruppe Scientology, Hamburg 2004, 9.

93 Ebd.

94 Colin Goldner, Die Psychoszene, Aschaffenburg 2000, 105.

95 Ebd.

Es gibt verschiedene Gründe, warum sich in einer Gesellschaft eine bestimmte Meinung herausbildet und diese dann je nach der Grundidee zur ausschlaggebenden Ideologie wird und damit das Zusammenleben der Menschen festschreibt. Dieses Phänomen hat in der Menschheitsgeschichte die unterschiedlichsten Entwicklungen genommen. In der heutigen Zeit sind wir an einem gefährlichen Punkt angekommen. Viele der Ideen und Ideologien von Capra, Blavatsky, Steiner und anderen sind eingeflossen in das tägliche Denken und Leben. Hinzu kommt seit einigen Jahren die gefährliche Tendenz eines fundamentalistischen Christentums, das sich mehr und mehr im deutschsprachigen Raum ausbreitet. Das Bekenntnis zum christlichen Glauben wird zumeist als positives Merkmal eines Menschen registriert. Man beruft sich politisch auf christliche Werte, ohne allerdings zu benennen, welche das im Einzelnen sind und welches christliche Weltbild diesen Aussagen zugrunde liegt. Häufig gilt der Grundsatz: Christentum ist positiv, andere Auffassungen sind negativ. In besonderem Maß trifft das auf eine andere Weltreligion zu: den Islam. Die Angst vor dieser fremden Kultur wird geschürt, und im Gegensatz dazu erhält das Christentum das Etikett einer stets friedfertigen Religion. Durch diese Diskussion entwickelt sich ein gefährliches politisches Klima. Die vielen akzeptierten und politisch hoffähig gemachten esoterischen Lehren können in Verbindung mit einer immer mehr erstarkenden fundamentalistischen Auslegung christlicher Glaubenssätze leicht zu einer intoleranten Gesellschaft führen, die nichts mehr mit einer freiheitlichen Demokratie zu tun hat.

Besonders hinzuweisen ist darauf, dass problematische Situationen trotz erwiesener struktureller Gefahren immer noch als irrelevante Einzelfälle abgetan werden. Die Gesamtschau macht das Ausmaß deutlich, nicht der einseitige Blick auf das vermeintlich Fremde. Eine nicht unwesentliche Rolle in dieser Entwicklung kommt den sich zunehmend verbreitenden Verschwörungstheorien zu. Aus der Vergangenheit bekannte Theorien werden heute bereitwilliger aufgenommen als früher, da die Akzeptanz von nichterklärbaren Phänomenen insgesamt zugenommen hat.

In Zeiten von gesellschaftlichen, politischen Umbrüchen steigt verständlicherweise die individuelle Unsicherheit. Unbestritten hat sich vieles in den letzten 20 Jahren verändert. Die eigenen Unsicherheiten und Ängste verbinden sich mit einem Gefühl der Unzulänglichkeit der zuständigen Institutionen, diese wie auch immer wahrgenommenen persönlichen Befindlichkeiten zu verändern. Weder Kirchen noch Parteien scheinen vertrauenswürdig zu sein. Die Ablehnung von bisher anerkannten Institutionen ruft andere Kräfte und Orientierungspunkte hervor. Hinzu mag verstärkend kommen, dass sich mit dem subjektiv wahrgenommen Versagen von Kirchenleuten und Politikern eine Denkschablone immer fester manifestiert, die lautet: Mein persönliches Schicksal wird von Zusammenhängen gelenkt, die ich nicht durchschauen und auch nicht beeinflussen kann. Dieses Denken kann zur Flucht in die esoterischen Heils- und Lösungsangebote führen. Es öffnet aber gleichzeitig die Bereitschaft, Verschwörungstheoretikern Glauben zu schenken. Vermeintlich werden endlich Wahrheiten bekannt, die die persönliche Situation erklären. Die Bösen sind unerkannt mitten unter uns, das eigene schwere Schicksal ist fremdbestimmt, weder demokratische Kräfte noch der Rechtsstaat noch die Kirche können helfen. Dieses Denken kann dazu führen, dass alles, was den Menschen begegnet, als erklärbar erscheint. Das kann so weit gehen, dass alle Initiativen des Staates entweder als Impulse der irgendwo handelnden bösen Kräfte gelten oder sogar zum System des Bösen zugeordnet werden. Wer jedoch davon ausgeht, solches Denken nähere sich einem krankhaften Wahn, hat sich bisher wenig mit Menschen auseinandergesetzt, die sich innerhalb des esoterischen Feldes bewegen. Viele, zu viele Personen haben schwächer oder stärker verschwörungstheoretische Ansätze im Kopf. Es sind oft genug Erklärungsmuster, die ihnen helfen, in der für sich persönlich so undurchschaubar gewordenen Welt funktionieren zu können und ihren Alltag zu bewältigen.

Während in anderen, sich nicht so schnell wandelnden Zeiten irgendwann die rationale Vernunft wieder Oberhand gewinnt, leben wir im Moment in einer Zeit, in der es für den Durchschnittsmenschen nur schwer oder gar nicht erkennbar ist, dass es sich es irgendwann wieder wie früher verlässlich und sicher leben lässt. Angst vor der Zukunft war noch nie ein guter Ratgeber. Vielleicht ist der große Erfolg des Buches von Thilo Sarrazin *Deutschland schafft sich ab* ein Warnsignal dieser ängstlichen Verunsicherung in unserem Land. Da ist es nicht mehr nötig, esoterische Erklärungen zu liefern, hier ist vielmehr Raum für die Bedienung irrationalen Denkens. Das Feld dafür ist schon lange bereitet. Auch hier wird nichts anderes bedient als in den esoterischen Denkmustern und Verschwörungstheorien: Es gibt eine Erklärung für das, was passiert, und es gibt einen, der es ausspricht. Welch kurzfristige Erleichterung kann dies für den einzelnen verunsicherten Menschen sein!

Immer dann, wenn das Feld vorbereitet ist für die irrationalen Erklärungsmuster, und wenn der erste Hauch von möglichen Verschwörungstheorien sich in die Denkmuster von Menschen geschlichen hat, gibt es anscheinend bei vielen Menschen ein Bedürfnis, irgendwann erklärt zu bekommen, wann diese geheimen Mächte begonnen haben zu wirken. Seit wann sind die Menschen, die Welt, die Schöpfung schon in den Händen der geheimen wirkenden Kräfte? Abhängig davon, an welche Person, Literatur oder Internetseite der oder die Betroffene gerät, entwickelt sich die Verschwörungstheorie. Eines aber haben sie alle gemeinsam: Sie haben keine freie, meinungsbildende und damit demokratische Legitimation vorzuweisen. Sie bieten stattdessen einfache, zum Teil ideologische hochgefährliche Erklärungsmuster.

An einem Namen kommt man seit Jahren bei der Darstellung von Verschwörungstheorien nicht vorbei: Jan Udo Holey, der mit seinem Pseudonym Jan van Helsing inzwischen als bekanntester Autor dieser Szene gilt. Aber auch so einer ist mit seinen Theorien allein nicht denkbar. Auch bei ihm werden Vorläufer des Denkens ausgemacht: »Der bekannteste deutsche Verschwörungstheoretiker Jan van Helsing ist nicht ohne vorhergehende Beschäftigung mit weniger bekannten Autoren im esoterischen und rechtsextremen Lager zu verstehen. Helsing signalisiert den Höhepunkt einer Entwicklung, die sich relativ unbemerkt, nur einigen Experten oder Wissenschaftlern bekannt, seit Jahren angebahnt hat. Zu seinen Vorläufern zählen zahlreiche kleinere verschwörungstheoretische Bücher meist christlich-fundamentalistisch-rechtsextremer Autoren wie Gary Allen und Des Griffin.«[96]

1994 erschien im Ewertverlag sein Buch *Geheimgesellschaften und ihre Macht im 20. Jahrhundert.* Auch das ist sicher kein Zufall: Im Ewertverlag sind hauptsächlich Pu-

96 Eduard Gugenberger/Franko Petri/Roman Schweidlenka, Weltverschwörungstheorien. Die neue Gefahr von rechts, Wien/München 1998, 167.

blikation erschienen, die man der rechten Esoterikecke (braune Esoterik) zuordnen kann. Innerhalb weniger Wochen sollen mehr als 100.000 Exemplare verkauft worden sein: ein Bestseller. Die Wochenzeitung *Die Zeit* widmete dem Erfolg eine Einschätzung, die gleichzeitig offenbart, welch extremistischer Hintergrund dem Gedankengut von Holey zugrunde liegt: »[...] Inhalt der Bände (*Geheimgesellschaften 1 und 2* – die Verf.) ist das Bestreben eines finsteren und kriminellen Zirkels, den sogenannten ›Illuminati‹, die Weltherrschaft gänzlich an sich zu reißen und die Geldströme auf dem Planeten zu beherrschen. Zu diesem Zweck stürzten diese Verschwörer, an deren Spitze Holey Juden verortet, Nationen in Kriege, um sie danach noch effektiver auszubeuten. Besonders skrupellos ist der Versuch Holeys, dem Judentum Schuld am Zweiten Weltkrieg zu geben. Eine ›offizielle jüdische Kriegserklärung‹ aus dem Jahre 1933 beinhalte einen ›heiligen Krieg‹ gegen Deutschland, ›bis zu dessen Vernichtung‹.«[97] Die *Geheimgesellschaften* landeten 1996 wegen Volksverhetzung auf dem Index, der Lagerbestand wurde beschlagnahmt.

War es in den 90er-Jahren des letzten Jahrhunderts noch die Buchform, die zumeist nötig war, um Ideen unter die Leute zu bringen, hat sich durch das weit verbreitete Internet die Lage nicht nur verändert, sondern zugespitzt. Alle Verschwörungstheoretiker sind präsent mit ihren braunen Phantasien und Ideologien, Jan Udo Holey ebenso wie Jo Conrad, Armin Risi und andere, die bereits in der Vergangenheit immer wieder einmal aufgefallen waren. Selbstverständlich gibt es eine gute Vernetzung untereinander, und

---

97 Die Zeit, zitiert in: Ingolf Christiansen, Rainer Fromm, Hartmut Zinser, Brennpunkt Esoterik. Okkultismus Satanismus Rechtsradikalismus, hg. von der Behörde für Inneres, Arbeitsgruppe Scientology, Hamburg 2004, 217.

wie bei anderen Themen kann das Ausmaß der Verbreitung der menschenverachtenden Thesen nicht eingeschätzt werden. Natürlich wollen die Anbieter im Internet weiterhin ihre Bücher verkaufen und zu Veranstaltungen einladen. Dass dies mit Hilfe des Netzes besser funktioniert als der früher notwendige Postversand mit Einladungen, wird jedem einleuchten. Feststellbar ist bei der Recherche im Internet nicht nur die Vernetzung der verschiedenen Personen, sondern auch die Breite der gesamten ideologischen Zusammenhänge.

Manche Internetseiten legen allerdings nicht offen, wessen Geistes Kinder dort ihre Dienstleistungen anbieten oder welche Personen sich auf deren Veranstaltungen tummeln. Im deutschsprachigen Raum gibt es hierfür zahlreiche Beispiele, hier eines aus der Schweiz:

»All unsere Dienstleistungen und Angebote geben Hilfe zur Selbsthilfe, damit Menschen zurück in eine mündige Beziehung zu Gott und Menschen finden. Letztes Ziel von allem ist die praktische Wiederherstellung der Herrschaft Gottes in jedem Moment. Er soll Tag und Nacht in und durch uns leben.«[98] Der Betreiber dieser Seiten, Ivo Sasek, hat sich inzwischen einen Namen gemacht in der Szene. Wie seiner Internetpräsenz zu entnehmen ist, will er das Ziel, die Herrschaft Gottes auf Erden herzustellen, mit politischem Vorgehen erreichen und sucht sich dafür Verbündete. So findet sich bei ihm der Hinweis auf eine Anti-Zensur-Koalition (AZK). Auf der Anklagebank sitzt die Pressefreiheit. Zur Begründung dieser Koalition heißt es bei Herrn Sasek: »Immer mehr Menschen kommen zu der Überzeugung, dass die Massenmedien keine vertrauenswürdigen Diener der Öffentlichkeit mehr sind. […] Denn auch uns unterschla-

98 http://www.ivo-sasek.ch/dienstleistungen.html, 3.6.2010.

gen die Medien jährlich viele existenziell wichtige Informationen. Dafür gibt es zunehmend handfeste Beweise.«[99] Um mehr über die falsche oder beeinflusste Berichterstattung zu erfahren, lud Sasek 2010 zu einem Kongress ein mit Vertretern, die über die skandalöse Unterdrückung von wahren Geschichten berichten sollten. Auch hier schon von Anfang an der Ansatz, der kleine Mensch werde beeinflusst und ohne richtige Informationen gelassen, die Medien würden manipuliert, von wem auch immer. Man hätte sicher nicht viel von dem Kongress gehört, aber es wurde ein Film mitgeschnitten, und so war die Veranstaltung wenig später im Netz zu sehen. Außerdem hatte sich dankenswerter Weise ein unabhängiger Besucher dort eingefunden, der nicht den angelockten willigen Gläubigen zuzuordnen ist. Sein Bericht über die Veranstaltung, der in einem Weblog nachzulesen ist,[100] offenbart in kurzer, prägnanter Form, welche Koalition sich da zusammengeschlossen hat, um die Pressefreiheit an den Pranger zu stellen. Die Berichterstattung zur Pharmaindustrie steht auf dem Prüfstand, aber natürlich auch Gruppen, die meinen, ihr Wirken werde in den beeinflussten Medien falsch dargestellt. So können nur einzelne überrascht sein, dass zu den Koalitionären auch die Scientologen gehören.

Auf diesem Kongress durfte der Schweizer Staatsbürger und seit einigen Jahren wieder in Deutschland tätige Jürg Stettler seine verfassungsfeindlichen Lehren darstellen und wurde – so der Bericht des unabhängigen Teilnehmers – mit Applaus bedacht. Ein Grund für die Einladung des Scientologen zu dieser Konferenz mag die Zielsetzung sein, die ma-

---

99   Ebd.

100 Vgl. http://www.freitag.de/community/blogs/czechbot/cui-bono-anti--zensur-klingt-doch-
     gut-was-steckt-dahinter, 29.5.2010.

nipulierten Journalisten an den Pranger zu stellen. Die Lehre von Scientology hat aber gleichwohl starke verschwörungstheoretische Züge. Den Anhängern wird vermittelt, sie seien angetreten, die Welt zu retten. Man reiht sich damit nahtlos ein in die esoterische Verschwörungswelt. So erschien 1996 die zweite Auflage des Buches *Gott & Co – Nach wessen Pfeife tanzen wir?* von einem gewissen L. Kin.[101] Wer immer sich hinter diesem Pseudonym verbirgt, Inhalt des Buches ist die Scientology-Lehre. Es wird sich mit Esoterik aus Ost und West auseinandergesetzt, um letzlich zu der einzigen logischen Schlussfolgerung zu kommen, Hubbard und seine entwickelte Scientology-Lehre sei die Lösung. Wer sich mit Scientology auskennt, wird schnell erkennen, dass es sich in Buchform um die intergalaktischen Auseinandersetzungen handelt, die auf den höheren Erkenntnisstufen der Scientologen gelehrt werden. Beworben wird die Schrift mit der Offenbarung der Geheimnisse: »Einige aufs schärfste gehütete ›höhere Initiationsstufen‹ werden hier enthüllt, um den Kampf telepathisch bis zu den Sternen zu tragen und den verborgenen Einflüssen entgegenzuwirken, die schon seit Anfang aller Zeiten das Schicksal unserer Kulturen zu steuern suchen.«[102]

Bei der Sasek-Veranstaltung wird die Verwunderung über den völlig unkritischen Umgang mit dem Scientologen-Vertreter bei dem neutralen Berichterstatter noch gesteigert, als ein Mann mit minutenlangem Applaus von der Bühne entlassen wird, der aus rechtsradikalen Zusammenhängen bekannt ist: Bernhard Schaub. Auch er gehört anscheinend zu dieser von Sasek gegründeten Anti-Zensur-Koalition.

101 L. Kin, Gott & Co. Nach wessen Pfeife tanzen wir? Editions ScientTerra, VAP-Buchversand Wiesbaden, ²1996.
102 Ebd., Klappentext.

Bernhard Schaub ist in der Schweiz und in Deutschland als Holocaustleugner bekannt. Im Internet ist nachzulesen, wen Herr Sasek eingeladen hat, wer mit Applaus bei den Menschen gefeiert wird, die doch anscheinend gemeinsam mit Ivo Sasek angetreten sind, die »praktische Wiederherstellung der Herrschaft Gottes« auf Erden zu erreichen. Der Schweizer Schaub stand nach den Veröffentlichungen u. a. dem »Verein zur Rehabilitierung der wegen Bestreitens des Holocaust Verfolgten« (VRBHV) vor. Der Verein wurde 2008 verboten. Das Engagement in diesem rechtsextremen Kreis führte Schaub auch ins Ausland. Er hielt eine Rede im Iran, in Teheran im Jahr 2006. Rechtsextreme und das Iran-Regime, eine Kombination, die bei einer Konferenz zur Wiederherstellung eines christlichen Gottesreiches eine durchaus brisante Mischung ideologischer Ansätze darstellt. Seine frühere Tätigkeit als Deutschlehrer an einer Waldorfschule gehört der Ordnung halber ebenfalls in die Beschreibung des Rechtsextremisten.

Der neugierige unabhängige Teilnehmer des Sasek-Kongresses schildert im Netz den Auftritt Schaubs wie folgt: »Mit seinem Eingangssatz enthüllte er einem fassungslosen Zuhörer (mir), Deutschland sei nicht mehr wirklich deutsch (tosender Applaus), die Schweiz auch nicht mehr schweizerisch (ebenso tosender Applaus) [...]«.[103]

Wie das Beispiel Ivo Sasek zeigt, vermischen sich die Verschwörungstheorien der Vergangenheit mit denen der neueren Zeit. Verschwörungstheorien und eine sich daraus entwickelnde Abgrenzung gegenüber den enttarnten Kräften führen zwangsläufig zur Abgrenzung von Nichtwissenden, Nichteingeweihten, und damit zu Fremdenfeindlichkeit, Rassismus und Rechtsextremismus.

---

103 http://www.freitag.de/community/blogs/czechbot/cui-bono-anti--zensur-klingt-doch-gut-was-steckt-dahinter, 29.5.2010.

Die vermeintliche Logik ergibt sich aus dem grundsätzlichen esoterischen Gedankengut. Alles, was diesem entgegensteht, wird mit den verhängnisvollen Verschwörern in Zusammenhang gebracht. Ob durch Schulweisheit, Wissenschaft oder die sogenannte Schulmedizin, je nach Angebot und esoterischem Hintergrund ist das Gedankengut in die Gesellschaft eingedrungen. Insofern ist Esoterik eine Form des politischen Irrationalismus mit Breitenwirkung.

Insbesondere in Bezug auf die Verschwörungstheoretiker wird häufig in der politischen Wahrnehmung übersehen, dass diese Entwicklungen eine lange Vergangenheit haben. Die Geister waren schon in früheren Jahrhunderten präsent. Es darf nicht übersehen werden, dass es Grundlagenliteratur gibt, die in den verschiedenen Gewändern immer wieder daherkommt. Hier noch einmal ein Zitat, dass unmissverständlich die braune Entwicklung der Urszene der esoterischen Entwicklung beschreibt:»Die Blavatsky-Jüngerin Alice Ann Bailey, glühende Hitler-Verehrerin und Propagandistin des Dritten Reiches, behauptete, spiritistische Weisungen direkt von der ›Großen Weißen Bruderschaft‹ zu empfangen, zu der nur besonders Erleuchtete Zugang hätten, darunter Napoleon, Mussolini, Hitler und Franco. Auch Bailey ist eine der Vordenkerinnen der heutigen New-Age- und Esoterik-Szene, wo ihre Bücher zur Grundlagenliteratur zählen.«[104]

---

104 Peter Nowak, zitiert nach: http://www.agpf.de/Dalai-Lama.htm.

Blut und Boden und Germanen

Die Germanen (oder was dafür gehalten wird), ihr Glaube, ihre Kultstätten sind schon lange in der Esoterik-Szene angekommen. Vermutlich haben sich aber längst nicht alle Personen, die sich auf die germanische Mythologie beziehen, wirklich mit den Germanen und ihrer Geschichte beschäftigt. Ein Dauerproblem der Szene ist die Oberflächlichkeit. Recherchiert man in den Publikationen der germanisch beeinflussten Anbieter auf dem Markt und verfolgt man die Veröffentlichungen und Diskussionen im Internet, entdeckt man, dass vieles durcheinander geworfen, vermischt und nicht selten als sogenannte Naturreligion verkauft wird. Es gibt Angebote zum germanischen Räuchern ebenso wie germanische Hexenrituale zur Lebensbewältigung. Natürlich spielt auch hier die alternative Medizin eine Rolle.

Der Theologe Friedrich Wilhelm Haack hat als erster deutscher Autor eine breite Öffentlichkeit auf die Gefahren aufmerksam gemacht, die von Organisationen ausgingen, die er damals als Jugendreligionen bezeichnete.[105] Schon 1981 wies er auf die sich mehr und mehr etablierende neugermanische Szene hin, die die Blut-und-Boden-Ideologie der Nationalsozialisten vielfach unbewusst wieder aufgreife. »Die heutige neugermanische Szene wird vor allem von sogenannten ›esoterischen Gruppen‹ und von extrem politisch interessierten Bünden beherrscht. [...] Da ist von Runenmagie die Rede, man kann sich Horoskope auf ›germanischer Grundlage‹ erstellen lassen, geheime Heilübungen und -Rituale werden angeboten und man glaubt an die Rein-

---

105 Vgl. http://www.agpf.de/Haack.

karnation (die Wiederverkörperungslehre), die mit dem alt-germanischen Glauben rein gar nichts zu tun hat.«[106] Ernst genommen wurde Haacks Kritik leider nicht.

Auch die Götter Odin und Thor kommen immer wieder vor. 1995 berichtete das Wochenmagazin *Stern*: »Die Gyl-filiten (eine 1976 entstandene, neuheidnische Glaubensge-meinschaft – die Verf.) beten die heidnischen Götter Odin und Thor an, die im nächsten Jahrtausend mit Raumschif-fen herabschweben sollen.«[107] Wiederentdeckt wurden die germanischen Heerscharen für die Esoterik auch in den 70er-Jahren. Die sich extrem ausbreitende Alternativszene war dabei, alle Pfeiler der etablierten Gesellschaft in Frage zu stellen. Die Diskussion um die Verbreitung des Christen-tums brachte auch die Diskussion um alte Religionen her-vor. Alles, was anders war, galt als alternative Entwicklung. Geheimes Wissen der Germanen wurde verbreitet. Die germanischen Götter feierten fröhliche Wiedererweckung. Auch Rituale wie die Sonnenwendfeiern brachten die Al-ternativen auf die Beine. »So bahnte sich Germanisches jenseits der etablierten Medien seinen Weg. Der Musiker Moondog, mit Jerry Garcia von der US-amerikanischen Blues- und Rockband Grateful Dead [...] befreundet, lud 1974 allerlei gegenkulturelles Volk zu einer germanischen Sonnenwendfeier nach Kohlenpott (BRD) ein. Musiziert wurde auf sechseckigen Hagal-Runen-Trommeln und Teil-nehmer des Sippentreffs lauschten andächtig der Verlesung der germanischen Schöpfungsgeschichte.«[108]

Das sich als links und alternativ verstehende New-Age-

106 Friedrich Wilhelm Haack: Wotans Wiederkehr. Blut-, Boden- und Rasse-Religion, München 1981, 154 f.

107 stern Nr. 19, 1995, 37.

108 Eduard Gugenberger/Roman Schweidlenka, Mutter Erde, Magie und Politik. Zwischen Fa-schismus und neuer Gesellschaft, Wien 1987, 54.

Zeitalter war naturgemäß daran interessiert, die sich zwangsläufig ergebende Nähe zur rechtsextremistischen Szene zu leugnen. Allerdings gelingt dies nicht wirklich, denn das Germanentum wird allzu gerne von den braunen Gesellen für sich beansprucht, und auch bei der germanisch beeinflussten Esoterik kommt das zum Tragen, was in anderen esoterischen Zusammenhängen auftritt: eine Vermischung aller möglichen »Weisheiten«. Angekommen in der bürgerlichen Gesellschaft ist davon mehr, als es scheint. Insbesondere die 80er-Jahre mit der generellen Bereitschaft der Menschen, sich für Natur und Umwelt einzusetzen, förderten die unterschiedlichsten spirituellen Experimente. Die Ansichten von Fritjof Capra hatten sich vielerorts in den Köpfen durchgesetzt, selbst bei denen, die diese nie gelesen haben. In den 70er-Jahren wurde der Grundstein gelegt für vieles, was heute für Schicksale sorgt, die zu Schlagzeilen führen.

Die Bewegung ist international, und die Treffpunkte sind es ebenso: »Was passiert nun, wenn 1975 bundesdeutsche Linksalternative nach Daumazan in Südfrankreich auswandern, um spirituell und alternativ zu leben, da ja nur Meditation und Magie die ›Macht der Herrschenden‹ brechen kann? Sie entwickeln einen östlich-›indianisch‹-germanischen Okkultismus, mit Castaneda, Runenyoga und indischen Gurus wie Yogi Bhajan, Bhagwan und Maharishi Mahesh Yogi fein gemixt, dazu noch eine Prise von Rudolf Steiner; um die ›spirituelle‹ Speise schmackhaft zu machen, wird all dies in einem Eintopf aus der theosophischen Wurzelrassenlehre und Gary Allens rechtsradikaler Verschwörungstheorie aufgekocht. Sodann besucht man immer wieder die BRD, um z.B. magische Happenings (1982) in Hamburg zu veranstalten oder um die ›Wiederkehr Balders, des Lichtgottes‹ vorzubereiten und alte germanische

Heiligtümer neu zu beleben.«[109] Das hier beschriebene damalige »Centre spiritel« steht für verschiedene Gruppen in verschiedenen Ländern, die in den 70er-Jahren Menschen anzogen und die später – spirituell verstrahlt – ihre Weisheiten an andere weitergegeben haben. So verbreiten sich Lehren und gelangen in die Masse der Gesellschaft.

Die Diskussionen um die angeblich immer besseren alternativen Lebensformen, einen gesünderen Lebensstil und die Möglichkeiten, der anerkannten Medizin auszuweichen, haben viele Scharlatane hervorgebracht. Im Zusammenhang mit der Besinnung auf das Germanentum ist ein Mann besonders hervorgetreten, der diverse Gerichtsverfahren, eine kritische Medienberichterstattung und den Entzug seiner ärztlichen Approbation in Deutschland erleben musste. Die Rede ist von Ryke Geerd Hamer (*1935), dem Begründer der sogenannten Germanischen Neuen Medizin (GNM).

»Hamer behauptet, die von ihm entdeckte ›Neue Medizin‹ kenne die Ursachen jeder sogenannten Krankheit und schließe darüber hinaus auch die Therapie mit ein. Sie basiere auf fünf empirisch gefundenen ›Biologischen Naturgesetzen‹, den sogenannten ›Eisernen Regeln‹, die auf jeden Fall einer Erkrankung bei Mensch, Tier und Pflanze zuträfen. [...] Tatsächlich genügen Hamers Lehren jedoch in keinem Punkt den allgemein anerkannten Ansprüchen [...]. Sogenannte Krebs-Erkrankungen seien in Wahrheit sinnvolle biologische Sonderprogramme (›SBS‹) und an sich bereits ein Teil des natürlichen Heilungsprozesses, der nach dem auslösenden Schockerlebnis beginne.«[110]

Der ehemalige Arzt erreichte einen gewissen Bekanntheitsgrad im Zusammenhang mit seinen verantwortungs-

---

109 Ebd., 58 f.
110 http://de.wikipedia.org/wiki/Germanische_Neue_Medizin.

losen Praktiken. Europaweites Aufsehen erregte 1995 der Fall der damals sechsjährigen Krebspatientin Olivia Pilhar in Österreich. Die Eltern vertrauten den Heilmethoden Hamers und lehnten linientreu eine lebensrettende schulmedizinische Behandlung ab. Um sich dem Zugriff des Staates zu entziehen, flohen sie ins Ausland, da ihnen inzwischen zum Wohl des Kindes das Sorgerecht entzogen worden war. Erst ein richterlicher Beschluss beendete die Odyssee des todkranken Mädchens. Das Kind wurde operiert und durch Chemotherapie geheilt. Eigentlich hätten die Eltern ihren Irrweg erkennen und Hamer zur Rechenschaft für das Leiden ihres Kindes ziehen müssen. Eine Erkenntnis ihrerseits blieb jedoch aus. Bis heute sind die Eltern Pilhar treue Anhänger von Hamers GNM.

Die Deutsche Krebsgesellschaft veröffentlichte 2005 eine gutachterliche Stellungnahme: »Bei der sog. ›Germanischen Neuen Medizin‹ von Herrn Hamer handelt es sich um ein in der Biographie und Träumen von Herrn Hamer begründetes Theorem ohne jede wissenschaftliche oder empirische Begründung. Im Gegenteil, nach heutigem Erkenntnisstand ist die zugrundliegende Grundhypothese widerlegt. Es sind mehrere Todesfälle von Menschen, die seiner Theorie vertrauten, gut belegt, die unter schulmedizinischer Behandlung eine realistische Heilungschance besessen hätten. Deshalb ist die ›Germanische Neue Medizin‹ mit allem Nachdruck als einerseits absurd, andererseits aber bewiesenermaßen gefährlich zurückzuweisen. Ihrer Verbreitung muss mit allen zur Verfügung stehenden Mitteln – juristisch und auf dem Wege der Aufklärung – Einhalt geboten werden. Eine Plattform zur Selbstdarstellung darf ihm und seinen Anhängern nicht geboten werden.«[111]

111 http://www.krebsgesellschaft.de/news_detail,,,16104.html?markierung=hamer.

Natürlich erreicht eine solche Warnung die gläubigen Anhänger Hamers nicht, und auch mehrere Gefängnisaufenthalte ihres Wunderheilers bringen sie nicht zum Nachdenken. Im Gegenteil, die Verurteilung wird als ungerechte Verfolgung empfunden und jede Kritik an den Heilungsmethoden als unangemessen zurückgewiesen. Verschwörungstheoretisch sehen die Sympathisanten dunkle Mächte am Werk, die dem Heilsbringer das Handwerk legen wollen. Bei Hamer steht die sogenannte Chemo-Mafia, die Pharmaindustrie, im Fokus. Die Hetze esoterischer Kreise gegen die Schulmedizin ist sehr häufig mit Angriffen auf die Pharma-Forschung und ihre Produkte verbunden.

Hamer und seine Germanische Neue Medizin sind ein extremes Beispiel für verschwörungstheoretische Ansätze in der Heilerszene. Er und seine Anhänger sehen sich aber nicht nur durch die Pharmaindustrie und ignorante Ärzte verfolgt. Seine Ideologie macht im Hintergrund noch andere Feinde ausfindig: Er wittert jüdische Logen im Hintergrund, die die Ärzte davon abhalten, seine Heilmethoden zu übernehmen. Im Internet ist seine antisemitische Einstellung nachlesbar. In einem der Foren schrieb er Folgendes: »Es ist doch so: Die jüdische Religion teilt bekanntlich alles ein in gutartig u. bösartig, so auch in der jüdischen sog. Schulmedizin. Wir Nichtjuden werden gezwungen, weiterhin die jüdische Schulmedizin zu praktizieren mit Chemo, Morphium, […] die die Juden selbst aber seit 20 Jahren nicht mehr praktizieren.«[112]

Und er geht noch weiter in seiner Hetze, die man als Wahn abtun könnte, wären da nicht die Anhänger, die ihm in seine Gedankenwelt folgen und sie weiterverbreiten. So stellt er eine sogenannte Chip-Theorie auf, die praktisch die Weiterentwicklung seiner antisemitischen Theorie darstellt. »Ha-

---

112 http://www.agpf.de/Hamer.htm.

mer ist von der Existenz eines sogenannten Todeschips überzeugt, der ihm zufolge [...] allen Menschen flächendeckend
eingesetzt werden soll und auch schon wird. Dieser Chip sei
schon flächendeckend zum Einsatz gekommen während der
Schweinegrippenimpfungen (sic!). Hamer zufolge dient dieser Chip der Manipulation und zwangsweisen Reduktion der
nichtjüdischen Bevölkerung, der ›Bevölkerungskontrolle‹.
[...] Hamer vermischt seine wunderlichen medizinischen
Ansichten mit antisemitischen Verschwörungstheorien. Dies
hat zur Folge, dass sich nicht nur hoffnungslos Erkrankte von
dieser ›Lehre‹ angezogen fühlen, sondern zusätzlich Sympathisanten rechter Theorien im Umfeld der GNM zu finden
sind.«[113] Zu den Sympathisanten zählen namhafte Unterstüt-
zer wie zum Beispiel die Frau des ehemaligen tschechischen
Außenministers, Dr. med. Therese Fürstin von Schwarzen-
berg, die Ryke Geerd Hamer angeblich für ein Genie hält, das
den Medizin-Nobelpreis verdient.

Zuletzt hatte Hamer sich nach Norwegen zurückgezogen
und von dort aus seine Anhängerschaft geführt. Doch soll
er das Land wieder verlassen haben, als auch dort bekannt
wurde, welch Geistes Kind er ist. Aus Sicht Hamers und
seiner Fangemeinde wird das wohl wieder als notwendige
Maßnahme gewertet, um der Verschwörung der Feinde der
Germanischen Neuen Medizin zu entgehen.

113 Alma Fathi, M.A., Die ideologischen Hintergründe der Germanischen Neuen Medizin, in:
Elterninitiative zur Hilfe gegen seelische Abhängigkeit und religiösen Extremismus e.V./
Bayerische Arbeitsgemeinschaft Demokratischer Kreise e.V.(ADK), Totalitäre Ideologien,
Verschwörungstheorien und zweifelhafte Heilsversprechen, München/Pfaffenhofen 2010,
20-22, zitiert nach: http://home.arcor.de/eimuc/2010.pdf.

Das Ende naht – wieder einmal

Glaubt man den einschlägigen esoterischen Autoren, ist es bald so weit: Das Ende der Welt steht wieder einmal bevor, und zwar unmittelbar. Diesmal steht das Datum sehr präzise fest: der 21. Dezember 2012. Die Vorlage für das Endzeitszenario kommt aus dem lateinamerikanischen Raum. Die Maya, eine seit langem mystifizierte ehemalige indigene Hochkultur mit einem eigenen Kalendersystem auf der Halbinsel Yucatán in Mexico, bescheren der Menschheit die neue Welle endzeitlicher Vorhersagen.

Wenn man den Berechnungen der Maya glaubt, dann en-det am 21. Dezember 2012 alles Leben auf der Erde. Ob dieser Tag, an dem die alljährliche Wintersonnenwende stattfindet, tatsächlich der letzte Tag ist? Etwa 25.800 Jahre dauert es, wenn unser Sonnensystem die Sterngruppen der Plejaden umrundet. Dann hat sich die taumelnde Erdachse nämlich einmal im Kreis gedreht und beendet diesen gro-ßen Zyklus, den man auch als das platonische Jahr bezeich-net. Die in der Milchstraße angesiedelten Plejaden, auch Siebengestirn genannt, sind mit bloßem Auge zu erkennen. Das Ende dieses Zyklus haben die Maya auf den 21. Dezem-ber 2012 datiert. Werden sie Recht behalten? Endet dann nicht nur ein Zyklus, sondern noch viel mehr? Oder reiht sich diese Prophezeiung nahtlos in die von Nostradamus, den Zeugen Jehovas und anderen ein, die das Ende der Welt schon des Öfteren vorhergesagt hatten? Die Zukunft wird zeigen, ob das Leben am nächsten Tag seinen gewohnten Gang gehen und diese Prophezeiung in Vergessenheit geraten wird.[114] Hollywood könnte dazu beigetragen haben, dass dieses Datum überhaupt für die kommerzielle Welt der Esoterik eine Rolle spielt. Denn eins lässt sich nicht leugnen: Der Spielfilm von Roland Emmerich mit dem Titel *2012*, der im Jahr 2009 in die Kinos kam, hat den Boom um die Maya-Vorlage beflügelt. Es ist ja auch nicht das erste Mal, dass sich die Filmbranche des Weltendes annimmt. Verkaufsschlager in der bunten Filmwelt sind nicht nur Sex and Crime, auch mit Angst lassen sich gute Geschäfte machen. Wer wüsste das besser als die gesamte Esoterik- und Psychomarktbranche. Es gibt wohl kaum eine bessere Reklame für diesen Markt als einen Kinofilm von einem renommierten Regisseur. So füllen esoterische Bücher und Schriften zum Weltuntergang nach dem Maya-Kalender ganze Regale. Es ist auch davon auszugehen, das zeigt die Erfahrung, dass die Bücherflut bis zum historischen Datum mit wahrscheinlich immer wieder anderen Interpretationen und Ratgebern für das persönliche Verhalten noch deutlich anschwellen wird.

Die Angst vor dem Ende der Welt ist fest verankert im kollektiven Gedächtnis der Menschheit. Wahrscheinlich spielt dabei das Gefühl der Ohnmacht eine große Rolle, die Ahnung, diesem befürchteten Ereignis keinen Widerstand entgegensetzen zu können und sich diesem Schicksal ergeben zu müssen. Diese Ohnmacht haben die Menschen bei Naturkatastrophen schon immer empfunden. Zur Erklärung wurden in früheren Zeiten Götter bemüht, höhere Wesen, die die menschliche Bevölkerung strafen oder zur Einsicht bringen wollten, sich anders zu verhalten. Die Stunde des Glaubens, nicht des Wissens hatte geschlagen. Welches Verhalten hatte die Götter zur Bestrafung veranlasst? Da keine klaren Antworten kamen, versuchte man,

---

114 Vgl. http://www.weltuntergang-2012.de/Maya-Kalender-2012.html.

sie wenigstens mit Opfergaben zu beruhigen oder andere Verhaltensvorgaben zu entwickeln, von denen man sich die gleiche Wirkung der Beruhigung erhoffte. Da alle Naturkatastrophen – und hatten sie noch so schrecklich gewütet – irgendwann zu Ende waren, schienen die Opfergaben und sonstigen Maßnahmen etwas zu bewirken.

Die Erklärungsmuster in den verschiedenen Kulturkreisen ähnelten sich zum Teil. Die Kernthese der Maya, um die sich alles dreht, besteht darin, dass nach ihren kalendarischen Berechnungen periodisch immer ein Zeitalter endet. Das bietet Filmproduzenten und Esoterikern gleichermaßen Stoff für apokalyptische Dramen oder die Interpretation als längst überfällige Zeitenwende. Die Maya-Forschung beschäftigt die Welt schon länger und füllt seit Jahrzehnten wissenschaftliche Werke, die im Vergleich zu zahlreichen Phantasiedeutungen oder Thesen von Besuchen außerirdischer Gestalten[115] eher nüchtern ausfallen: »Die arrivierte Forschung hält sich mit Aussagen zu diesem Rätsel (gemeint ist die Berechnung des Datums – die Verf.) zurück. Berthold Riese lässt die Daten in seiner Monographie über die Maya gänzlich unerwähnt und bemerkt sehr allgemein: ›Alle kalendarischen und astronomischen Zyklen und Systeme haben bei den Maya letztlich wahrsagerischen und religiös-spekulativen Zwecken gedient […]. So wurden Berechnungen spekulativ weit in die Vergangenheit und Zukunft projiziert, und sie dienten damit dem Erkenntnisdrang und dem Bestreben, hochkomplexe mathematische Systeme zu durchschauen. Wir können also durchaus behaupten, dass hier Anfänge der Mathematik zu beobachten sind, wie sie

---

115 Seit über 40 Jahren untermauert beispielsweise Erich von Däniken die These, die Götter, deren Rückkehr die Maya erwarteten, seien Astronauten von einem fremden Sonnensystem gewesen.

sonst vor allem Babylonier, Griechen, Araber und Inder zur Menschheitsgeschichte beigetragen haben.‹«[116]

Woher kommen wir? Wohin gehen wir? Was geschieht mit uns? Wer oder was lenkt uns? Welchen Einfluss haben wir als Menschheit und als Individuen? Diese Fragen sind spätestens seit Immanuel Kant gut verankert in der Welt. In allen Kulturkreisen haben sich die Völker – also auch die Maya – damit beschäftigt und unterschiedliche, allerdings in einigen Aspekten auch sehr vergleichbare Erklärungen gefunden für das, was eigentlich nicht zu erklären ist. »Die Frage ist nur, welche Kreisläufe mit Katastrophen endeten, wie oft sich solche Vorgänge wiederholten und vor allem, ob sich aus der genauen Beobachtung des Vergangenen sichere Prognosen für die Zukunft herleiten lassen. Die Maya waren zweifelsfrei davon überzeugt, dass aktuelles Geschehen eine Wiederholung früherer Ereignisse darstellte: ›In der Maya-Geschichtsschreibung ging es unentwegt auch um den Nachweis, dass das aktuelle historische Geschehen Folge unabwendbarer kosmischer und vorgeschichtlicher Einflüsse war.‹ Umgekehrt konnten und sollten die jeweils lebenden Generationen, allen voran die ›Gottkönige‹, mit ihrem Handeln Einfluss auf das kosmische Geschehen nehmen; die zahlreichen Rituale erhielten erst vor diesem Hintergrund ihren Sinn. Leider aber haben die Maya zumindest keine konkreten Vorhersagen gemacht, was am Ende des gegenwärtigen Zeitalters geschehen wird – und schon gar nicht, was man dagegen unternehmen kann, sollte einem das drohende Geschehen nicht zusagen.«[117]

Die Maya haben für sich und ihre Lebenswelt Erklärungen gefunden. Diese Hinterlassenschaft wird nun auf völlig ande-

116 Berthold Riese, Die Maya. Geschichte – Kultur – Religion, München 2006, 50.
117 Ebd., 89.

re, historisch gewachsene kulturelle Zusammenhänge übertragen. Dies ist in der esoterischen Wahrnehmung nichts Neues. Warum sollte man sich detailliert mit den Grundlagen einer Idee von Glaubensvorstellungen oder entwicklungsgeschichtlichen Zusammenhängen befassen, wenn die Vereinnahmung für die eigene entwickelte Theorie geeignet erscheint und sich damit Geld verdienen lässt? Dazu passt nahtlos, dass zwar einerseits die globale Endkatastrophe im Raum steht, andere Publikationen zu den Maya und dem verhängnisvollen Datum allerdings eine Art Chance formulieren, nämlich die These, dieses Datum leite das sogenannte Goldene Zeitalter ein. Allerdings ist das natürlich wieder mit Bedingungen und Verhaltensregeln verbunden, damit die neue goldene Zeit auch pünktlich beginnen kann.

Liest man diese vielfältigen Ausführungen, fühlt man sich unweigerlich in die 70er- und 80er-Jahre des letzten Jahrhunderts versetzt: Das Wassermann-Zeitalter war das beherrschende Thema. Die New-Age-Anhänger waren bereits dort angelangt, wo sich – angelehnt an die Maya-Dokumente – heute wieder viele einfinden: in der Überzeugung, das Ende der Zeit sei gekommen, kosmisches Bewusstsein sei angesagt und so weiter.

Oder sind es womöglich immer noch dieselben Geister, die sich nun wieder im größeren Maße Gehör verschaffen? Denn betrachtet man die Szene genauer, waren sie nie verstummt. Sie kamen nur in unterschiedlicher Aufmachung daher und haben sich inzwischen gesellschaftlich zum Teil fest etabliert, auch über die esoterische Szene hinaus. Zur Erinnerung ein Auszug aus einem Text aus den 80er-Jahren: »Wir nähern uns dem Ende eines Zeitalters, in dem der Mensch während der langen Evolution des Bewusstseins die Grenzen ich-gebundenen Verlangens überschreitet und sein Verstehen erweitern kann. Jetzt kann er kosmisches Bewusstsein erlangen und eins werden mit der Weite spirituellen Seins; dies kann aber nicht geschehen, wenn er sich noch krampfhaft an all seine vermeintlichen materiellen Bedürfnisse klammert […]. Die kosmischen Energien, die jetzt freigesetzt werden, können durchaus die negativen Aspekte des Materialismus fortreißen, die zur Zeit auf der Erde so mächtig sind. Aus der Katastrophe heraus mag eine neue Gesellschaft entstehen, alle diejenigen umfassend, die sich auf das neue Zeitalter einstimmen können und sich von ganzem Herzen seiner Verwirklichung hingeben. Kurzum, unser Zeitalter der Angst ist seiner Natur nach apokalyptisch, und das Auftreten von Schwierigkeiten wird nicht wirklich verstanden, bis wir sie als Auftakt zu spirituellem Erwachen und spiritueller Erlösung betrachten können.«[118]

Eigentlich ist es wie immer: nichts Neues für die wieder einmal zu rettende Menschheit und ihren Planeten Erde. Diesmal liefern die Maya die Vorlage, und man kann sicher sein: Nach dem 21. Dezember 2012 wird es andere Anknüpfungsmöglichkeiten für die esoterischen Denker geben. Im Zusammenhang mit der Maya-Prophezeiung fasst Heering sehr zutreffend die aus dem Ruder laufenden Interpretationen zusammen: »Vor allem das Internet ist ein riesiges Spielfeld, auf dem sich selbst ernannte Gurus und Schamanen jedweder Couleur tummeln. Es ist überflüssig darauf hinzuweisen, dass dieses offene Medium auch jenen ein Forum bietet, deren Anschauungen abstrus sind und zuweilen die Grenze des Wahnsinns deutlich überschreiten.«[119]

---

118 George Trevelyan: Eine Vision des Wassermann-Zeitalters. Gesetze und Hintergründe des »New Age«, München 1984, 151 ff.
119 Kurt-Jürgen Heering/Jo Müller, Apokalypse 2012. Die Endzeitprophezeiungen der Maya, Wien 2009, 93.

Die Vorlage liefern die Religionen

Dass die Menschen leicht zu beeindrucken sind mit Endzeitszenarien aller Art, ist nicht verwunderlich, wohl aber, dass es in der heutigen aufgeklärten Zeit noch möglich ist, hiermit kollektive Angsttraumata zu erzeugen. Es wird immer wieder erklärt, wie Naturkatastrophen entstehen. Natürlich können im Verlauf der wissenschaftlichen Forschung und der politischen Meinungsbildung unterschiedliche Ergebnisse dazu ermittelt werden, welchen Einfluss der Mensch auf den Klimawandel und andere globale Prozesse hat. Unbestreitbar verändern sich aber gewaltige Abläufe des blauen Planeten, und die diesbezüglichen Warnungen und Erklärungen sind nicht neu. Seit Jahrzehnten wird der menschliche Einfluss auf die Veränderung von Landschaften und damit langfristig auf das Klima der Erde diskutiert. Der saure Regen, der die Wälder gefährdet, die notwendige Reduzierung der Schadstoffe in der Luft, die Sorge um das Abschmelzen der Polkappen, all das führt schon zu einem Umdenken, wenn auch für viele zu langsam. Weil globale Meinungsbildung ähnlich kompliziert gesteuert wird wie ein Hochseetanker, und viele Entscheidungsträger eher von Wahltermin zu Wahltermin denken als in den großen Zusammenhängen, wird es vermutlich noch lange dauern, bis das weltweite Bewusstsein auf die beschriebenen Veränderungen grundlegend reagiert.

Trotzdem oder gerade deswegen ist es umso erstaunlicher, dass sich die Menschen offensichtlich eher mit spirituellen Vorstellungen beschäftigen, anstatt sich an der wissenschaftlichen und politischen Diskussion zu beteiligen.

Unbestreitbar hat auch der Einfluss von religiösem Denken zugenommen, das sich dem Gebrauch der Vernunft hin und wieder entzieht. Im aufgeklärten Abendland ist Gott wieder in. Öffentliche Glaubensbekenntnisse waren selten so präsent in den Medien wie jetzt, und zwar in allen Bereichen der Informationsübermittlung. Allerdings findet dies im Christentum immer weniger in den dafür vorgesehenen Institutionen, den Kirchen, statt. Auch das mag eine Erklärung dafür sein, dass sich immer mehr Menschen eine eigene, individuelle Spiritualität gönnen und sich flugs im Bereich der esoterischen Angebote befinden, häufig mit Versatzstücken aus der christlichen Religion oder sogar mit eindeutig formulierten Aussagen über Jesus Christus, die Scharen der Engel oder die besonders verehrten Erzengel.

Für vieles, was esoterisch vermarktet wird, wie die globale Erzeugung von Endzeitängsten, liefern die Religionen die Vorlagen. An etwas zu glauben, was vom einzelnen Menschen nicht zu beeinflussende Ereignisse erklärt, und dies dann anderen Mächten zuzuordnen, ist allen Glaubensrichtungen eigen. Aber heute – so sollte man meinen – können sich die Menschen die Ereignisse rationaler erklären. Festzustellen ist allerdings ein gegenläufiger Trend: die Flucht in verschiedenartige Glaubensgebäude, in denen übrigens oft kein Notausgang zu existieren scheint. Einmal hineingelockt in ein solches System kann der Weg hinaus zu einer Odyssee werden, die Nerven und in der Regel auch Geld kostet.

Die letzte kollektive Hysterie vor dem Weltuntergang geschah zur Jahrtausendwende. Es ist zunächst nicht verwunderlich, dass ein Millenniumswechsel als herausragendes Ereignis wahrgenommen wird, denn nicht vielen Menschen ist es gegeben, so etwas zu erleben. Erschwerend kommt hinzu, dass sich die Welt in den 20 Jahren davor so rasant verändert hat wie schon lange nicht mehr. Neuorientierung wurde von vielen verlangt. Insbesondere in Deutschland waren die Umwälzungen – nicht zuletzt durch die wunderbare Wiedervereinigung – gravierend. Für viele brach in diesen Jahren das System zusammen, in dem sie sich eingerichtet und wohl gefühlt hatten. Europa und die ganze Welt rückten durch die Währungsunion und die sich rasant entwickelnde Kommunikationstechnologie enger zusammen. Probleme, die früher weit weg waren, fanden durch die Medien praktisch vor der Haustür statt. Bei so vielen epochalen Ereignissen kann schon die Frage, wie es für den Einzelnen und sein unmittelbares Umfeld weitergeht, Zukunftsängste auslösen. Angst war noch nie ein guter Ratgeber. Die Ängste beim Jahrtausendwechsel wurden unter anderem darauf projiziert, dass in der Silvesternacht 1999/2000 womöglich viele Systeme, die von Computern gesteuert werden, ausfallen könnten. Die Sorge, am 1. Januar 2000 kein Geld am Automaten ziehen zu können, kaschierte eher die plötzliche Erkenntnis vieler Menschen, von einer Technologie abhängig zu sein, die nur wenige beherrschen können. Unbekannte sind unter Umständen in der Lage, das Leben per Knopfdruck zu beeinflussen. Da kommen Urängste hoch. Wenn der Einzelne nichts dagegen tun kann, wer kann es dann? Niemand weiß, in welchem Maß zu dieser Zeit Gott und Götter oder andere himmlische Mächte angerufen wurden, um das eventuell bevorstehende, sehr weltliche Drama abzuwenden.

Grundsätzlich bot die Jahrtausendwende die Möglichkeiten, alle religiös entwickelten Urängste zu beleben. Religiöse Endzeiterwartungen finden sich praktisch in allen weltweit relevanten Religionen. Im Unterschied zu Glaubensvorstellungen über das individuelle Leben beziehungsweise Weiterleben nach dem Tod handelt es sich dabei um Ereignisse, die das Ende der Welt und der ganzen Menschheit erwarten lassen. Die Prophezeiungen gelten also erst einmal für alle Bewohner des Planeten Erde. Da setzt dann allerdings die jeweilige religiöse Strategie ein. Sie kann je nach kultureller Entwicklung eines Landes auf der Weltkarte etwas abweichend ausfallen. Aber die Botschaft an die Menschen ist sehr eindeutig: Es gibt einen Weg, dem globalen Tod von der Schippe zu springen. Der rechte Glauben kann davor bewahren.

Ein Begriff hat sich für alle Endzeitvorstellungen durchgesetzt: die Apokalypse (griechisch: Enthüllung, Offenbarung). Für alle möglichen Arten der Bedrohung, egal mit welchem Hintergrund, wird dieser Begriff manchmal geradezu inflationär angewendet. Apokalypsen gibt es bereits in vielen antiken Schriften, aber als Literaturgattung entstammen sie dem jüdisch-christlichen Kontext. Danach sind es visionäre Offenbarungen angesichts einer Krise oder Katastrophe. In der Bibel ragen heraus das Buch Daniel und die Offenbarung des Johannes. Hier finden sich auch die Motive des Weltendes, des totalen Untergangs und der Neuschöpfung, die den Begriff Apokalypse zum Synonym machen für das große Drama am Ende der Zeit. Apokalyptische Vorstellungen gibt es aber nicht nur in jüdischen und christlichen Offenbarungstexten. Auch im Islam, in den Schriften des lamaistischen Buddhismus und im Hinduismus lässt sich Entsprechendes finden. Alle diese Texte eint die Vorstellung eines finalen Dramas: die Welt geht unter und entsteht neu. Die Autoren Victor und Victoria Trimondi fassen es folgendermaßen zusammen: »Die Geschichte der Menschheit ist der irdische Ausdruck eines kosmischen Krieges zwischen Gut und Böse, zwischen Licht und Finsternis. In diesem universellen Kampf stehen sich Gott und Satan, Engel und Teufel, Oberwelt und Unterwelt als unversöhnliche Feinde gegenüber. Wenn sich die Weltgeschichte der apokalyptischen Entscheidungsschlacht nähert, ist jeder Mensch gezwungen, sich für oder gegen Gott zu entscheiden.«[120]

Das bei der Jahrtausendwende oft verwendete Wort »Millennium« geht ebenso auf die Offenbarung des Johannes zurück, wo ein Tausendjähriges Friedensreich der Christusherrschaft angekündigt wird. Jesus Christus kehrt zurück, und die Welt ist errettet. Die Annahme der Wiederkunft Christi am Ende der Welt gehört seit dem frühen Christentum zum Glauben dazu. Auch wenn im Laufe der Zeit (durch die sogenannte Parusieverzögerung) bei den meisten Christen die Naherwartung abgelöst wurde von der Endzeiterwartung des messianischen Friedensreiches und gegenwärtig selbst diese keine große Rolle mehr zu spielen scheint, ist es unverzichtbar, diesen Religionshintergrund im Auge zu haben, wenn man auf den ersten Blick unverständliche apokalyptische Ängste bei Menschen zur Kenntnis nimmt.

Es wäre leicht, dieses zu ignorieren und darauf zu verweisen, dass die großen christlichen Konfessionen sich zu Glaubensinstitutionen entwickelt haben, in denen die christliche Lebensgestaltung im Hier und Jetzt im Vordergrund steht. Dafür allerdings ist in der Vergangenheit unter Bezug auf die Offenbarung des Johannes zu viel passiert. Die Christen sollten schon die Verantwortung dafür übernehmen, dass ihre Verkündigung Raum für Interpretation und Spekulation lässt. Dabei kommt es nicht immer darauf an, ob sich die handelnden Personen bewusst sind, dass die Vorlagen

---

120 Victor und Victoria Trimondi, Krieg der Religionen. Politik, Glaube und Terror im Zeichen der Apokalypse, München 2006, 11.

für die Entwicklung ihres Denkens und Handelns oft in der Bibel grundgelegt sind. Entscheidend ist, wie diese Vorlagen ausgelegt werden und ob daraus Heil oder Unheil erwächst, weil dem Verkünder des allein selig machenden Weges Glauben geschenkt wird.

Anzumerken ist hier auch, dass insbesondere in den Vereinigten Staaten von Amerika die christlichen Gotteskrieger deutlich auf dem Vormarsch sind. Aber auch in Europa und in Deutschland ist klar zu erkennen, dass aktive Apokalyptiker mit Absolutheitsanspruch und Intoleranz gegenüber Andersdenkenden und vor allem Andersgläubigen immer mehr Raum erobern, vor allem in den evangelischen Kirchen. Die von Johannes vorgegebene Dramaturgie des endzeitlichen Kampfes zwischen dem Bösen, dem Teufel, auf der einen Seite und Gott, seinem eingeborenen Sohn, dem Messias, und unzähligen Scharen von Engeln auf der anderen greift Raum in immer mehr Köpfen. Gott und Engel haben Hochkonjunktur. Es wird höchste Zeit für die Christen, Klarheit zu schaffen und sich nicht auf die in der Vergangenheit bequeme Position zurückzuziehen, alles, was im breiten Esoterik- und Psychomarktbereich passiert, habe mit ihnen nichts zu tun. Nach wie vor warten wir vergeblich darauf, die seit Jahrzehnten geführte sogenannte Sektendebatte von Seiten der christlichen Kirchen endlich im Sinne der Menschen zu erweitern. Gerade den gläubigen Christen sollte das zur Verpflichtung ihres Handelns werden.

Das hier aufgeführte Beispiel hinsichtlich der jederzeit abrufbaren Ängste vor dem globalen Ende der Welt ist für das angeführte Problem im Zusammenhang mit der christlichen Lehre symptomatisch. Allerdings, wie folgende Kapitel zeigen werden, nicht das einzige.

Gelobte Länder

Auf der Suche nach den wahren christlichen Werten kann man in den Einflussbereich derer geraten, die in das persönliche Leben eingreifen und die Selbstbestimmung des Individuums verhindern. Die Liste der »göttlichen Allwissenden« ist lang, und es gibt zahlreiche Zeugnisse solcher Bibelinterpreten.

Nehmen wir zum Beispiel »Die Kirchengemeinde Gottes des Weltmissionsvereins«[121]. Unter der Überschrift *Das Wort & die Wahrheit* wird das Gottesbild dieser 1964 in Korea gegründeten neureligiösen Gemeinschaft erläutert: »Elohim-Gott bedeutet ›Götter‹, weist auf mehr als zwei hin, und nicht nur auf einen in der Einzahl. Die Bibel macht uns auf einen männlichen Gott ›Vater‹ und einen weiblichen Gott ›Mutter‹ aufmerksam. Die Kirchengemeinde Gottes des Weltmissionsvereins bekennt sich zur Wiederkunft Christi Ahnsahnghong und zur himmlischen Gottmutter Jerusalem.«[122] Die biblische Offenbarung wird ergänzt durch eine abstruse Theorie, wonach Gott, nach den beiden je 2000 Jahre währenden Zeitaltern des Vaters (Jahwe) und des Sohnes (Jesus Christus), nun im Zeitalter des Heiligen Geistes als Ahnsahnghong und seiner Braut, der Mutter Jerusalem, angebetet werden muss, »den beiden wahren Erlösern.«[123] Was zunächst nach Gleichberechtigung der Geschlechter klingt, entpuppt sich als streng patriarchales

---

121 Vgl. http://text.watv.org/german/index.html und (inhaltlich identisch) http://german.watv.org/.
122 http://german.watv.org/truth/elohim.asp.
123 http://german.watv.org/truth/elohim.asp#01.

Gebilde. Frauen werden mit Hinweis auf 1 Kor 11 und unter Berufung auf das göttliche Gesetz dazu verpflichtet, beim Gebet eine Kopfbedeckung zu tragen, während es den Männern untersagt ist, dies zu tun. Auf die zeitbedingte Einordnung des Korintherbriefes wird dabei verzichtet. Stattdessen heißt es:»Gott schuf die Frau als eine Hilfe für den Mann; daher wurde er auch beim Verkünden des Evangeliums das Haupt und die Frau zu seiner Stütze bestimmt.«[124] Eine Aussage, die die Frau zweifellos als nicht ebenbürtig anerkennt. Die Unterdrückung von Frauen hat eine Menge mit religiösen Lebensformen zu tun.

Wenn das zusätzlich mit dem Absolutheitsanspruch des Missionswerkes verknüpft ist, hört der Spaß aber auf. »Unsere Kirchengemeinde ist die einzig wahre Religionsgemeinschaft auf dieser Erde, die Gott durch das Blut seines eigenen Sohnes für sich erworben hat (Apg 20,28).«[125] Die logische Konsequenz aus dieser Überzeugung ist eine systematische weltweite Missionstätigkeit, sodass der Einfluss der Kirchengemeinde Gottes längst nicht mehr auf Korea beschränkt ist. Neue»gelobte Länder« werden erobert, um möglichst vielen Menschen das»Heil« zu bringen.

Eine andere»wahre Gemeinschaft«, die sich auf die christliche Lehre und ihre Werte beruft, hat zwar immer wieder zu kritischer Berichterstattung geführt, konnte sich aber bis heute davor retten, von den Weltanschauungsbeauftragten der christlichen Kirchen in Deutschland als Sekte bezeichnet zu werden, ein Begriff, der aus Sicht der Betroffenen ein Stigma darstellt. Strittig ist wohl, ob es sich um eine sogenannte freikirchliche Gemeinschaft handelt, aber darauf kommt es nicht an, sondern auf die Interpretation, was

---

124 Vgl. http://german.watv.org/truth/fundam_veil.asp.
125 http://german.watv.org/intro/welcome.asp.

das wahre christliche Leben bedeutet. In diesem Fall liegt das »gelobte Land« des wahren Glaubens in Norwegen. Die Gruppierung nennt sich Die Christliche Gemeinde (DCG) oder, nach dem Namen des Gründers, Smiths Freunde und ist im deutschsprachigen Raum auch bekannt als Norweger-Gemeinde.[126] Die Gemeinde hat ihren Ursprung ebenso wie die Pfingstbewegung in der charismatischen Bewegung, unterscheidet sich jedoch von den Pfingstlern in mehrfacher Hinsicht. Von Norwegen aus hat die Gemeinschaft sich innerhalb Europas und darüber hinaus ausgebreitet, mit heute geschätzten 30.000 Mitgliedern in über 65 Ländern auf allen Kontinenten. Dass sich die deutschsprachige Öffentlichkeit überhaupt kritisch mit diesen Norwegern beschäftigt hat, ist in großem Maße das Verdienst eines betroffenen Vaters aus Österreich, Friedrich Griess. Er hat aus seinem Leiden um den »Verlust« seiner Tochter die Aufgabe abgeleitet, vor dieser Gruppierung zu warnen und aufzuklären. Dies ist im Westen nicht einfach, wenn es sich um christliches oder pseudochristliches Gedankengut handelt.

Johan Oscar Smith (1871-1943) war überzeugt, vom Heiligen Geist persönlich getauft und berufen zu sein, eine eigene christlich geprägte Gemeinschaft zu gründen. Inzwischen liegt die Leitung beim Gründerenkel Kåre Johan Smith. Das Wissen um die wahre Gläubigkeit wird anscheinend vererbt. Die Interpretation von Gottes Willen bestimmt das Leben und Handeln der Gemeinschaft. Neben der wörtlichen Bibelauslegung, wie sie bei manchen Pfingstgemeinden üblich ist, folgt Die Christliche Gemeinde Sondertraditionen mit einer Fixierung auf eine verklemmte Sündentheologie und einem starken Leistungsdenken bis hin zur Selbsterlösungslehre. Dabei fällt der Hang zu einem gewissen Konservatismus und Rigorismus auf,

---

126 Vgl. http://www.dcg-info.de/.

obwohl die Internetpräsenz der Gemeinschaft eine moderne, aufgeschlossene Gruppierung vorstellt. Es gab mehrere Abspaltungen wegen unterschiedlicher Auffassungen bezüglich der Lehrdisziplin und der Radikalität in der Lebensgestaltung. »Die Wurzel des Übels liegt schon in der Konzeption der Gemeinde durch J.O.S selbst: 1. der Anspruch, die einzige wahre christliche Gemeinde zu sein, die Diskriminierung aller anderen Menschen rein auf Grund ihrer Zugehörigkeit zu einer Konfession, 2. der Anspruch, durch Selbsterlösung perfekte Menschen heranbilden zu wollen, was einerseits zu Hochmut, andererseits zu Verzweiflung führt, 3. die Forderung nach absolutem Gehorsam der Anhänger, die unweigerlich das Auftreten von Despoten als Leiter zur Folge haben mußte.«[127]

In den 50er-Jahren des letzten Jahrhunderts begann in Deutschland eine jahrzehntelange Geschichte im Namen des christlichen Gottes, die viele Menschen über viele Jahrzehnte kaum glauben konnten. Wieder ist es hier einer Privatperson zu verdanken, dass irgendwann auch die Politik erkannt hat, was für ein menschenverachtendes System am Werk war. Der Name des Mannes ist Wolfgang Kneese. Selbst als Kind zu einem Opfer der Gruppe geworden, hat er nie aufgehört, gegen das Unrecht, das dort geschah, zu kämpfen und über die Missbräuche aufzuklären. Dass nach Jahrzehnten der »christliche« Gründer und Verursacher des Leides, Paul Schäfer (1921-2010), doch noch im Gefängnis landete, ist vor allem Kneese zu verdanken. Die Bundesrepublik Deutschland hat ihn inzwischen mit dem Verdienstorden geehrt. Allerdings hätte es dem späten Dank mehr Glanz verliehen, wenn die Politik ihm und anderen Opfern in früheren Jahren geglaubt und konsequent geholfen hätte. Seinen Widerstand gegen das System der Gewalt musste

127 Friedrich Griess, Norweger-Bewegung. Smiths Freunde, Smithianer, Norwegische Brüder, zitiert nach: http://www.religio.de/dialog/395/395s16.html.

Kneese selbst finanzieren, was ihm mit der Hilfe von bescheidenen Freunden Gott sei Dank auch gelang. Diesen Menschen gebührt großer Respekt, denn auch Wolfgang Kneese sah sich erst einmal Skeptikern gegenüber. Unter großen Mühen gelang es ihm, die Wahrheit ans Licht zu bringen.

Das »gelobte Land« in diesem Fall heißt Chile. Colonia Dignidad, der zynische Name der sogenannten Kolonie der Würde, lässt auch nach vielen Jahren noch aufhorchen.

Paul Schäfer, evangelischer Jugendpfleger in Bayern, fiel schon früh wegen pädophiler Neigungen auf und wurde wegen Missbrauchsvorwürfen aus dem kirchlichen Dienst entlassen. Später sammelte er als Laienprediger verschiedene Anhänger um sich, die er unter dem Vorwand einer urchristlichen Gütergemeinschaft finanziell ausbeutete. Das Geld investierte er in verschiedene Projekte, die seinen Reichtum vergrößerten. Nach außen gab er seinen Gruppen eine soziale Ausrichtung. Im Inneren herrschte er mit drakonischen Strafen und einem Milieu der Angst und Überwachung. In Siegburg kam es bereits 1961 zu ersten Anzeigen wegen sexuellen Missbrauchs von Kindern, sodass Schäfer sich nach Lateinamerika absetzte. Vorher verkaufte er ein Haus seiner Gemeinschaft an die Bundesregierung. Von dem Erlös (900.000 DM) kaufte er ein großes Anwesen in Chile. Viele Anhänger folgten ihm mit ihren Kindern in die Colonia Dignidad, nach außen ein soziales Zentrum für Waisenkinder, in Wirklichkeit ein grausames Arbeitslager mit allen Schikanen. Der Grundstein dafür war bereits in Deutschland gelegt worden, aber in der Abgeschiedenheit Chiles konnten die grausamen Mechanismen besonders gut perfektioniert werden.

Schäfer rekrutierte neue Mitglieder mit der Verheißung, bei seiner Mission den richtigen christlichen Glauben frei von Sünden gottesfürchtig leben zu können. Ein Aussteiger berichtet: »Fast alle, bis auf zwei, drei, gingen um 22 Uhr hinaus zu einer Gebetsnacht. Auch in mir war ein geheimnisvolles Ahnen. Heute Nacht müsste etwas Besonderes geschehen, müsste sich Gott irgendwie offenbaren. [...] Doch irgendwie lag noch ein Bann auf uns. Dann wurde gebetet. Dort hörte ich zum ersten Mal das sogenannte Zungenreden. Aber es war kein rechtes ›Durchkommen‹. Einige schrien so laut sie konnten, warfen sich auf den Boden, hämmerten mit den Fäusten auf die Erde, um vom Teufel befreit zu werden. [...] Das meiste verstand ich nicht, Zungenreden, nur, dass sie dem Teufel geboten, im Namen Jesu zu weichen. Dann sagten sie mir, ich wäre frei. Etwas Besonderes habe ich dabei nicht gespürt, aber ich glaubte es ihnen.«[128] Den Teufel bannen im Namen Jesu. Der irdische Teufel hatte einen Namen: Paul Schäfer, und sie folgten ihm gläubig, der sich an Gottes Stelle gesetzt und seine Macht innehatte. Seine Strafen waren Gottesstrafen, seine Handlungen von Gott gewollt. So musste es den verblendeten Anhängern erscheinen. Also griffen sie auch nicht ein, als ihre Kinder gequält und sexuell missbraucht wurden.

Abgeschottet von der Welt konnte in der Kolonie eine Art Staat im Staate entstehen. Nach Etablierung der Militärdiktatur arbeitete Schäfer eng mit dem Pinochet-System zusammen. Inzwischen ist nachgewiesen, dass der Geheimdienst in den Bunkeranlagen Oppositionelle gefoltert und ermordet hat. Das Arrangement kam dem Pädophilen zu Gute, da er politisch und juristisch in Ruhe gelassen wurde. Er konnte quälen und missbrauchen ohne jede Störung: ein Schreckenssystem, dass weltweit schon lange angeprangert wurde. Hilfesuchende Menschen, auch Deutsche, wur-

128 Klaus Schnellenkamp, Geboren im Schatten der Angst. Ich überlebte die Colonia Dignidad, München 2007, 51 f.

den allerdings allein gelassen. Wegen einer »Sekte« wollte sich keine Bundesregierung die Finger schmutzig machen. Schäfer wurde 2005 nach längerer Flucht wegen Kindesmissbrauchs in 25 Fällen, Körperverletzung, Verstoßes gegen das Waffengesetz, Mordes an einem Gefolgsmann der Militärdiktatur und wegen des Verschwindens eines linken Oppositionspolitikers verurteilt und starb 2010 im Gefängniskrankenhaus. Selbst nachdem Chile ein demokratischer Staat geworden und der Haupttäter ausgeschaltet ist, lässt sich die Vergangenheit nicht aufarbeiten, weil »die Kenntnisnahme der Unterlagen durch Unbefugte für die Interessen der Bundesrepublik Deutschland nachteilig sein kann.« Mit dieser Begründung lehnte das Auswärtige Amt 2009 ein Auskunftsersuchen ab. Was gibt es aus deutscher Sicht im Hinblick auf die Colonia Dignidad zu verbergen?

Die Opfer der Kolonie werden solcher Argumentation nicht folgen können. Was kann heute noch so geheim sein, dass es nicht aufgedeckt werden darf?

Die Colonia Dignidad besteht heute weiter unter dem Namen Villa Baviera (Bayerisches Dorf). Rund 280 zum Teil schwer traumatisierte Menschen leben noch immer auf dem großen Gelände. Die neue Kolonieführung versucht die Gemeinschaft zu öffnen. Berichterstattung, Fernsehen, Familienwohnungen, Studium, all das ist jetzt möglich. Die evangelische Zentralstelle für Weltanschauungsfragen ist verhalten optimistisch: »Schäfers Tod wird es der in Villa Baviera verbliebenen Gemeinschaft und den ehemaligen Siedlern der Kolonie ermöglichen, Abstand von der schrecklichen Geschichte zu gewinnen. [...]Für die Mitglieder der Gemeinschaft wird es ein mühsamer Weg bleiben, mit den Verletzungen zu leben.«[129] Etwas wenig Trost aus evange-

---

129 Evangelische Zentralstelle für Weltanschauungsfragen, Materialdienst 6/10, Berlin 2010, 227.

lischen Kreisen für die vielen Opfer eines ehemaligen Kirchenmannes, der sich als Gottes Stellvertreter ausgab.

Das wahre »gelobte Land« für alle religiösen Experimente sind und bleiben wahrscheinlich die Vereinigten Staaten von Amerika. In den USA gibt es eine für Europäer unverständlich hohe Akzeptanz der verschiedensten religiösen Ansätze. Eigentlich ist es egal, wer daherkommt; wenn er behauptet, aus dem christlichen Glauben heraus zu handeln, hat er erst einmal Ruhe und kann seine Idee entwickeln. Irgendwann schaffen es die meisten über den großen Teich und »beglücken« Europa. Es gibt genug Beispiele dafür: Scientology, Die Kinder Gottes und viele andere.

Eine Gruppe, die für die Menschen, die ihrem Guru gefolgt sind, zum Verhängnis wurde, entwickelte sich ab 1956 in den USA: der Peoples Temple von Jim Jones (1931-1978). Das »gelobte Land«, wo die Gemeinschaft am 18.11.1978 mit einer spektakulären Massen(selbst)tötung unterging, war die Siedlung Jonestown in Guyana.

Dem Zeitgeist entsprechend verspricht der Guru Jim Jones im Namen Gottes ein neues spirituelles Leben. Nach gut recherchierten Berichten ist Jones in einer radikalchristlichen Pfingstlerbewegung aktiv gewesen. Ihm wurden göttliche Kräfte nachgesagt und dass er Wunder bewirken könne. Seine besondere Anziehungskraft, vor allem auf junge Leute der damaligen Zeit, lässt sich auf sein Engagement gegen kapitalistische Ausbeutung, Atomwaffen und Rassismus zurückführen. 1973 wird er von der Zeitschrift Los Angeles Herald zum Humanisten des Jahres ernannt und erhält später den Humanitätspreis der Martin-Luther-King-Stiftung.[130]

---

130 Vgl. Thomas Auchter, Wie destruktive Gewalt entsteht. Am Beispiel des amerikanischen Sektenführers Jim Jones und der Selbstmordtragödie von Guayana (sic!), Aachen 2004, in: http://www.aixpaix.de/autoren/auchter/DestruktiveGewalt.pdf.

Der positive, politische und damit gesellschaftliche Umgang mit Jones führte selbstverständlich dazu, dass seine Anhänger noch mehr von ihm sowie seiner Lehre und Lebensweise überzeugt waren. Mit der Anerkennung im Rücken wird das Elitedenken, zur Gemeinschaft der neuen Zeit zu gehören, verstärkt, und so folgen sie ihm bereitwillig und voller Glauben an eine freie Zukunft nach Guyana, um dort in Jonestown endlich die Vision eines Lebens umzusetzen, ohne Umweltzerstörung, ohne atomare Bedrohung, ohne Rassismus. Es wird eine Umsiedlung in die totale Abhängigkeit, in die Unfreiheit und schließlich für die meisten der fast 1000 Bewohner und Bewohnerinnen von Jonestown der Weg in den Tod. »Er war der paranoide Messias einer terrorisierten, jedoch ergebenen Sekte, der allmählich das Ende seitens dunkler, einkreisender Mächte prophezeite. Die CIA, den Ku-Klux-Klan, Rassismus, Faschismus, atomare Vernichtung. ›Vater‹ nannten ihn seine Schäfchen, liebend und angstvoll zugleich. [...] Hin und wieder bezeichnete er sich als den geistigen Erben von Christus und/oder Lenin. Er verkündete die Lehre eines apostolischen Sozialismus und eignete sich gleichzeitig für seinen Tempel-Schatz ein Millionen-Dollar-Vermögen an, Land, Bargeld, Sozialversicherungen und Wohlfahrtsschecks seiner Anhänger.«[131] »In Jonestown entstand das Konzept des Massenselbstmordes für den Sozialismus. Da unser Leben ohnehin so erbärmlich war und wir zu ängstlich waren, Reverend Jones zu widersprechen, wurde dieses Konzept nicht angezweifelt.«[132]

Das Konzept wurde nicht nur nicht angezweifelt, es wurde umgesetzt, was Jones wollte, und so tranken sie Gift und vergifteten ihre Kinder, als es eng wurde für den Guru. Weil sich verzweifelte, geflohene ehemalige Anhänger endlich an

---

131 Charles A. Krause, Die Tragödie von Guayana (sic!). Der Massenselbstmord, Frankfurt 1978, 27.
132 Ebd., 171.

die Politik wendeten, und ein Mitglied des US-Kongresses beauftragt wurde, sich die Zustände vor Ort anzusehen. Jones sah wohl das Ende seines Imperiums voraus und befahl den Tod, nachdem der Kongressabgeordnete auf seinen Befehl hin ermordet worden war. Die von ihm abhängigen und indoktrinierten Menschen im Dschungel hatten für sich nur noch die von Jones verkündete Hoffnung: Wenn sie die bedrohte Welt freiwillig verließen, den Giftbecher leerten, könnten sie im Jenseits mit ihrem Meister verbleiben. Alle, die »freiwillig und freudig den Giftbecher getrunken hatten, starben in der Überzeugung, an der Seite von Jim Jones in den Himmel einzugehen und bald zuschauen zu können, wie die Menschen auf der Erde die in der Offenbarung von Johannes prophezeiten Höllenqualen erleben würden.«[133]

Jonestown ging als ein klassisches Beispiel für Kultgewalt und Massenselbstmord in die Geschichte ein. Der Begriff Massenselbstmord gilt hier nur begrenzt, denn es wurden auch Menschen ermordet; zumindest die hilflosen Kinder hatten keine Wahl. Es befanden sich nicht nur Kinder von Jones-Anhängern in Guyana, der Gruppe waren auch Pflegekinder anvertraut worden. Auch diese werden sich nicht selbst umgebracht haben. Es handelt sich um Massenmord und nicht um einen Massenselbstmord.

Im Nachhinein wurde deutlich, dass auch im Drama um den Peoples Temple eindeutige Warnsignale übersehen worden sind. Deshalb sollte man auch in der Gegenwart aufpassen und nicht wieder zu spät zu kommen, wenn sich fundamentalistische Organisationen ungehemmt entwickeln und ausbreiten. Allerdings stehen die Zeichen für eine kritische Früherkennung schlecht. Seit einigen Jahren muss

---

133 Hugo Stamm, Im Bann der Apokalypse. Endzeitvorstellungen in Kirchen, Sekten und Kulturen, Zürich/München 1998, 32.

man zur Kenntnis nehmen, dass in den USA die christlichen Evangelikalen inklusive ihrer fundamentalistischen Zweige immer mehr Raum im öffentlichen Leben einnehmen und sich größerer politischer Unterstützung erfreuen. Die Großmacht USA zeichnete sich schon immer dadurch aus, dass ihre Lebens- und Denkweise Vorbild für den Rest der Welt sein sollte. Dies gilt nun auch, der Eindruck ist unvermeidlich, für das radikale Christentum.

Neben und in den christlichen Gruppierungen sind Bewegungen entstanden, die den Kampf gegen die Wissenschaft aufgenommen haben nach der Devise: Die Bibel sagt die Wahrheit. Die Bibel ist die wissenschaftliche Grundlage der Existenz der Erde und des Menschen. Es ist wichtig, sie wörtlich zu befolgen. Die Diskussion um die sogenannten Kreationisten, die den Kampf gegen wissenschaftliche Erkenntnisse schon länger führen, wurde am Anfang auch im deutschsprachigen Raum eher belächelt. Inzwischen haben sich die Anhänger vermehrt und beanspruchen mit ihren Ideen immer mehr Raum. Sie unterscheiden sich kaum von anderen Gruppen, die Schriften oder Deutungen von ursprünglich religiösen Ideologien nun zur allumfassenden Wahrheit erklären.

Auf dem Vormarsch sind daneben auch die radikalen Evangelisten, die ihr Weltbild als politische Marschrichtung einfordern. Von sich reden machten dabei in letzter Zeit eine Gruppe mit dem Namen The Call und ihre Nachfolgeorganisation The Cause. Im Internet ist nachzulesen, dass sie einen christlichen Gottesstaat fordern. Nachzulesen ist auch Folgendes: »Die Organisation ›The Call‹ war in der Vergangenheit ebenfalls in Deutschland aktiv. Sie ist eine von zahllosen evangelikalen Bewegungen, die auch hierzulande öffentlich bekannt sind und teilweise schnell wachsende

Mitgliederzahlen verzeichnen. Negative Einstellungen gegenüber homosexuellen Lebensformen, die Ablehnung von Schwangerschaftsabbruch, die Verbreitung und Verankerung biblischer Schöpfungslehren in Bildungseinrichtungen sind weit verbreitete und engagiert vertretene Positionen unter den Mitgliedern.« Die stärker politisch engagierten extremen Fundamentalisten scheinen auf wenig Kritik in christlichen Kreisen zu stoßen, insbesondere in den evangelischen Kirchen. Eher das Gegenteil ist der Fall.

Das war in der Vergangenheit einmal anders. Es ging um den Arbeitskreis Christlicher Publizisten (ACP), der sich dadurch auszeichnete, die von den Kirchen kritisch gesehenen Gruppierungen eher zu verharmlosen oder ihnen eine Plattform für Gegenpropaganda zu liefern. Dabei waren auch stets die Weltanschauungsbeauftragten der christlichen Kirchen im Blick.»Nach der Beurteilung der ›Evangelischen Zentrale für Weltanschauungsfragen‹ (EZW) ist der Verein eine ›Splittergruppe‹ am Rande des Evangelikalismus. Ziel der ACP ist es, biblische Denk- und Handlungsweisen in die Öffentlichkeit zu tragen, wobei diese jedoch nach eigenem Gutdünken ausgelegt werden.«[134]

Man kommt nicht mehr umhin, gerade von kritischen Christen und aufgeschlossenen Würdenträgen einzufordern, sich auch mit den Entwicklungen im eigenen religiösen Bereich auseinanderzusetzen. Gerade, wenn bekennende Evangelikale zunehmend die Religionsfreiheit zum Thema machen und die Verfolgung von Christen in anderen Teilen der Welt beklagen, wird es Zeit, in den eigenen Reihen für Klarheit und Abgrenzung zu sorgen. Wie sollen die Menschen es ernst nehmen, wenn sich die Kirchen mit allen möglichen Tendenzen kritisch

---

134 Constanze Beck, Arbeitskreis christlicher Publizisten (ACP), zitiert nach: http://www.agpf. de/ACP-Matthias.htm.

auseinandersetzen, aber gleichzeitig biblische Extremgruppen in Deutschland unkommentiert agieren können?

Material über den Vormarsch dieser extremen Christen gibt es genug. Sätze wie: »Evangelikale Christen sind auf einem Kreuzzug gegen den Zeitgeist in Deutschland«[135] klingen schon bedrohlich. Und beruhigender wird es nicht, wenn im selben Artikel Folgendes zu lesen ist: »Wenn von diesem Sonntag an rund 350.000 deutsche Evangelikale an ihrer jährlichen Gebetswoche teilnehmen, beten sie auch ›für Christen in Schlüsselpositionen von Politik, Kultur, Medien und Wirtschaft‹«.[136] Das hat nichts mehr mit der Akzeptanz der Trennung von Kirche und Staat zu tun.

Kein Zweifel, aus dem »gelobten Land« USA ist vieles bereits bei uns angekommen. Besonders problematisch ist es, dass in solchen geschlossenen Systemen mit einem absoluten Wahrheitsanspruch Kinder und Jugendliche hineingeführt werden in die Welt der Intoleranz gegenüber Andersdenkenden. In den USA sind Kinder sogar zu Märtyrern für Gott und Jesus und zu Missionaren für den wahren Glauben erzogen worden. Aber auch in Deutschland wächst der missionarische Eifer. Das beste Beispiel war die kritische Berichterstattung des ZDF-Magazins *Frontal 21*, in dem unter dem Titel *Sterben für Jesus – Missionieren als Abenteuer* die Ermordung von zwei Studentinnen der Bibelschule Brake im Jemen dokumentiert wurde. Die Journalisten hatten für ihre Dokumentation der Tat Schülerinnen gefragt, ob sie bereit wären, für die Mission ihr Leben zu lassen. Dies wurde mit einem klaren Ja beantwortet. Mission für den christlichen Glauben in islamischen Ländern, das kann bedeuten, jungen Menschen zu vermitteln, sie gehörten dem wahren, christlichen Glauben an, für den es sich sogar zu sterben

---

135 Wolf Schmidt, Um Gottes willen!, taz, 10.1.2009.
136 Ebd.

lohnt. Bis heute ist die kollektive Empörung der evangelischen Kirche in Deutschland noch nicht verhallt. Dabei haben die Journalisten aus der gesamten zu recherchierenden Geschichte die einzig mögliche Schlussfolgerung gezogen: Nicht nur im Islam gibt es junge Menschen, die bereit sind, für ihre religiöse Überzeugung zu sterben, bei den Christen ist diese Denkweise ebenso vertreten und auf dem Vormarsch. Die Bibelschule Brake vermittelt ihren Studentinnen und Studenten jedenfalls eine klare Vorgabe: »Wenn wir die Bibel in der Hand halten, haben wir den kostbarsten Schatz dieser Welt vor uns. [...] Bedenken wir, dass heute noch Millionen Menschen auf dieser Erde keinen Vers dieses Schatzes in ihrer Sprache besitzen! Bedenken wir ferner, dass fast die Hälfte der jetzt lebenden Menschheit die lebendigmachende Botschaft noch nie gehört hat!«[137]

Die gesamte Diskussion um die sogenannten Sekten, Psychogruppen, politischen und esoterischen Randgruppen darf die christlichen Extreme nicht ausblenden, will man nicht völlig unglaubwürdig werden. Christlicher Fundamentalismus und seine kritische Begleitung sind schließlich nicht neu. Dass es hier eine zunehmende Bewegung gibt, berichtete 1995 das Wochenmagazin *Stern*: »Besonders erfolgreich werben zur Zeit auch die neo-charismatischen Christen neue Anhänger. Diese freikirchlichen Gruppen boomen, seit im Januar 1994 der ›Heilige Geist‹ einer charismatischen Gemeinde bei Toronto einen Besuch abstattete und Hunderte Gläubige wild zucken ließ. Mittlerweile grassiert der ›Toronto-Segen‹ auch in Europa. Tausende charismatische Prediger und Gruppenleiter wallfahren nach Kanada, um sich dort eine ›Salbung‹ abzuholen«.[138]

---

137 http://www.scribd.com/doc/29346104/Bibelschule-Brake-Skript-Unterlagen-A-Die-Bibel-Jesus-Christus-Gott-Religion-Glaube-Esoterik-Theologie.
138 Sekten in Deutschland, in: stern Nr. 19, 1995, 38.

Kinder und Erziehung in Parallelwelten

Immer wenn sich ideologische Welten entwickeln, die mit eigener ausschließlicher Werteskala daherkommen, sind Kinder durch die Familie und häufig genug durch das geschlossene Umfeld besonders betroffen. Die in einem freiheitlichen Staat im großen Maß ausgestatteten Elternrechte machen es schwierig, zum Wohl des Kindes zu intervenieren, wenn die Eltern oder ein Elternteil in einer abgeschlossenen Gruppe gefangen sind und diese Gruppe die Vorgaben macht, wie die Kinder aufwachsen müssen. Die Kinder aber sind quasi ohne Chance, sich den Indoktrinationen zu entziehen. Selbst bei der Ablösung von diesen Einflüssen, die in den meisten Fällen erst im Erwachsenenalter funktioniert, prägen die Jahre der Kindheit das ganze Leben.

Erziehungsmethoden und das Leid der Kinder finden zwar immer wieder einmal die Aufmerksamkeit der Gesellschaft, allerdings häufig erst, wenn sich der Betroffene selber dazu entschließt, die Geschichte öffentlich zu machen. In der Regel löst ein solcher Schritt Entsetzen aus in der öffentlichen Wahrnehmung. Genauso schnell aber, wie die Empörung aufkeimt, klingt sie auch wieder ab. Diejenigen, die den Kindern die Zukunft nehmen, bleiben zu oft unbehelligt. Bei anderen Ideologien, die die Kinder zu Versuchsobjekten ihrer Theorien machen, werden wir das Ausmaß des Schreckens wohl erst in einigen Jahren hören, denn in den 90er-Jahren des letzten Jahrhunderts kamen immer mehr problematische Ansätze hervor, die zwar manchmal kritisch beäugt wurden, aber häufig nicht als ernst zu nehmendes Problem gesehen wurden.

Insbesondere dann, wenn es sich im allgemeinen Sprach- und Denkgebrauch nicht um eine sogenannte »Sekte« handelt, geht man allzu gerne schnell wieder zur Tagesordnung über. Dass in einer »Sekte« etwas Schlimmes passieren kann, ist nachvollziehbar und schrecklich, aber man selbst hat damit ja nichts zu tun.

Als nicht gefährlich wird wahrgenommen, wenn sich Mutter oder Vater oder beide Elternteile spirituell weiterbilden wollen. Es kann ja ganz harmlos anfangen. Der erste Meditationskurs bei einer Volkshochschule, das erste Seminar zur persönlichen Weiterentwicklung, was kann daran falsch sein? Ein Bericht in der Zeitung oder im Fernsehen über übersinnliche Fähigkeiten kann ebenso der Einstieg sein wie ein Bekannter oder die Freundin, die davon schwärmt, wie gut ihr es getan hat, auf einer Esoterikmesse endlich ihre Aura zu erkennen. Auch der neugierige Blick zum Astro-TV ist als Auslöser bekannt geworden. Was kann schon dabei sein nachzufragen, ob es vielleicht ein Hilfsmittel für den Sohn oder die Tochter gibt, die nächste Klassenarbeit besser zu überstehen. Vielleicht weiß ein Engel oder Erzengel, eine Elfe oder ein sonstiges Wesen Abhilfe für die kleinen Probleme im täglichen Leben. Die Erklärung, es gebe viele Dinge zwischen Himmel und Erde, die der kleine Mensch sich nicht erklären kann, hat wahrscheinlich ebenfalls die Wirkung, den vielleicht vorhandenen letzten Rest Zweifel zu vergessen. Man kann es ja mal probieren, was ist schon dabei? Der selbstbestimmte Mensch zieht nicht in Erwägung, dass psychische Abhängigkeiten von einer Person oder einem Gegenstand schneller entstehen können, als man es sich zu träumen wagt.

Es gibt so viele Lehren und Ideologien der unterschiedlichsten esoterischen oder religiösen Gruppen oder von kleinen Personenzusammenschlüssen, dass man die Gefährdung von Kindern gar nicht in der Breite darstellen kann. Die Übergänge können fließend sein, und verschiedene ideologische Ansätze vermischen sich durchaus.

Kinder der neuen Zeit

Es rauscht im Blätterwald. Die Reklamemaschinerie hat sich in Gang gesetzt. Die letzten Folgen von *Harry Potter* wurden verfilmt, und die Fangemeinde wartet gespannt auf die cineastische Umsetzung des Finales der erfolgreichsten Märchenserie der letzten Jahre. Wer heute nicht einmal im Ansatz weiß, worum es bei *Harry Potter*, dem Zauberlehrling im Kampf gegen das Böse, geht, gilt wohl als etwas zurückgeblieben. So etwas gehört zum Allgemeinwissen. Der weltweite Erfolg ist durchschlagend und ruft auch die Esoterik-Szene auf den Plan. Warum *Harry Potter* nicht für sich vereinnahmen? Folgerichtig wurde bereits im Internet die Frage gestellt, ob der Märchenheld ein Indigo-Kind sei. Dabei kann man wohl davon ausgehen, dass die Autorin sich nicht die Frage gestellt hat, ob die von ihr geschaffene Figur Harry Potter von einer indigofarbenen Aura umgeben ist.

Indigo-Kinder: seit Ende der 1990er-Jahre das neue Märchen der Esoterik-Szene. Zu diesem Stichwort bieten die Suchmaschinen im Internet mittlerweile knapp 70.000 mehr oder weniger sinnvolle Einträge, Tipps und Empfehlungen, denn Indigo-Kinder sind eine Besonderheit, eine Hoffnung der esoterisch gelehrten Welt, die Kinder der neuen Zeit. Es kommt darauf an, diese Wesen zu erkennen und adäquat mit ihnen umzugehen, wobei manche Esoteriker davon ausgehen, dass nahezu 100% aller Kinder heutzutage Indigos sind. Die Frage ist, warum die Zeichen nicht früher erkannt wurden und ob man vielleicht auch ein Indigo-Kind war. Vielleicht war man gezwungen, ein Leben außerhalb der wunderbaren Erkenntnis zu führen, vielleicht konnte man gegen seinen Willen das Indigo-Leben nicht genießen.

Das sind vielleicht quälende Fragen in der Aura-Welt, aber Antworten darauf gibt es natürlich, und die Sorgen können genommen werden. Auch als Erwachsener kann man noch feststellen, wieviel Indigo in einem steckt. Natürlich kostet diese Erkenntnis etwas. Bücher, Seminare, Filme, Indigo-Tage, alles Mögliche wird angeboten. Konnte man zu Beginn der Indigo-Präsenz noch davon ausgehen, dass man es mit einer überschaubaren Klientel mit Schwerpunkt auf Aurawissen zu tun hat, zeichnete sich im Laufe der Zeit ab, dass die Beschäftigung mit dem Thema Indigo-Kinder in der gesamten Szene erfolgte. Jan Udo Holey, besser bekannt unter seinem Pseudonym Jan van Helsing, wird dem Suchenden im Internet auf dem Weg zur richten Auraerkennung als Experte empfohlen.[139] Der Verschwörungstheoretiker und Rechtsextremist ist mittendrin im blauen Aura-Gewühl. Matthias Pöhlmann weist auf die Rolle der Anthroposophie bei der Verbreitung hin:»Auch von anthroposophischer Seite werden aus ›geisteswissenschaftlicher Sicht‹, d.h. im Sinne der Anthroposophie Rudolf Steiners, Verständnishilfen und Hinweise für einen angemessenen Umgang mit den Indigo-Kindern publiziert. Die Indigos gelten hier als Botschafter einer neuen Spiritualität.«[140]

Wem oder was haben wir nun die Bereicherung mit dieser neuen Erkenntnis zu verdanken, und worum geht es eigentlich? Erst einmal ist festzuhalten, dass Farbenlehre nichts Ungewöhnliches ist in der esoterischen Welt. Der Markt bietet natürlich Seminare, um Farbtypen zu erkennen, womit sich

---

139 Vgl. Jan Udo Holey, Die Kinder des neuen Jahrtausends. Mediale Kinder verändern die Welt, Fichtenau 2001.

140 Matthias Pöhlmann,»Indigo-Kinder« - Künder eines Neuen Zeitalters?, in: Evangelische Zentralstelle für Weltanschauungsfragen, Materialdienst 12/02, Berlin 2002, 355 ff.

das Leben angeblich besser gestalten lässt. Auch die Auraerkennung ist keine Neuigkeit in der Szene. Aurafotografie findet sich regelmäßig als Angebot auf den Esoterikmessen. Die gewerbliche Spiritualität suggeriert einen Vorteil, wenn man in der Lage ist, die Aura bei sich und anderen zu diagnostizieren. Tausende dürften entsprechende Schulungen bereits durchlaufen haben auf der Suche nach dem heiligen Schein. Aura-Jünger vermitteln die Botschaft, dass Probleme des täglichen Lebens mit der Ignoranz im Umgang mit der Aura zu tun haben können.

»Die Esoterikerin Nancy Ann Tappe ›liest und deutet die individuellen Farben der Aura‹ und bezeichnet diese als ›Lebensfarben‹. Sie scheint erstmals die Farbe Indigo bestimmten Kindern und bestimmten Eigenschaften zugeordnet zu haben. Eigentlicher Erfinder der ›Indigo-Kinder‹ ist aber offenbar Lee Carroll, der seine Phantasien als Botschaften eines Geistes namens ›Kryon‹ verkauft. In seinem Buch *Kryon – Das Zeiten-Ende* [...] lässt er ›Kryon‹ sich selbst vorstellen: ›Ich bin Kryon vom magnetischen Dienst‹. Carroll will die Kryon-›Botschaften‹ per ›Channeling‹ bekommen haben.«[141] Es geht – wie könnte es anders sein – einmal mehr darum, unseren Planeten zu retten. Laut diesen Botschaften haben Menschen die Erlaubnis erhalten, als Indigo-Kinder wieder auf die Erde zurückzukommen. Diese Botschaft ist dem Autor selbstverständlich als Geheimnis für eine neue Zukunft des Planeten vermittelt worden. Wie schön für die Esoterikgläubigen, dass Caroll sich entschlossen hat, das Geheimnis nicht für sich zu behalten, sondern das Wissen Kryons mit der Welt zu teilen.[142] Das Geld, das

141 http://www.agpf.de/Indigo-Kinder.htm. Der Name Kryon wird in der Szene meistens englisch ausgesprochen.

142 Vgl. Lee Carroll, Kryon - Das Zeiten-Ende. Neue Informationen für persönlichen Frieden, Botschaften gegeben und empfangen in Liebe, Berlin 2004.

durch den Buchverkauf geflossen ist, wird über das mögliche schlechte Gewissen des Geheimnisverrats hinweggeholfen haben. Das Buch erschien vermutlich im Hinblick auf den Jahrtausendwechsel, für die Esoteriker weltweit ein magisches Datum. Die Botschaft von Kryon musste noch rechtzeitig unters Volk gebracht werden.

Inzwischen haben sich die Begriffe um die Indigo- Kinder erweitert. Sternenkinder, Kristallkinder und Diamantkinder sind dabei. Wer soll da noch durchblicken, welches Kind in welche Kategorie gehört? Dafür gibt es aber wie immer die »Erleuchteten«, die es – woher auch immer – wissen und den überforderten Eltern bei der Erziehung »helfen«. So hat zum Beispiel eine sogenannte Aura-Soma-Beraterin im Netz auch Hindernisse für die zur Rettung der Welt angetretenen Indigo-Kinder ausgemacht: die Violetten. Das sind die Nicht-Erleuchteten, die Unwissenden, unter denen die Indigos zu leiden haben und in ihren Rettungsaktionen behindert werden. Immer und immer wieder stehen die ignoranten und nicht eingeweihten Personen dem Endziel entgegen.[143]

Zu den wichtigsten Merkmalen zur Erkennung eines Indigo-Kindes gehören angeblich folgende: Sie kommen mit einem königlichen Gefühl auf die Welt. Sie haben Probleme mit absoluter Autorität. Sie verweigern bestimmte Sachen, zum Beispiel Schlange stehen. Oft sehen sie, wie manches besser gemacht werden kann. Asoziales Verhalten, Rebellion vom Feinsten und Aggressivität kennzeichnen sie. Viele von ihnen haben das Gefühl, dass kein Mensch sie versteht.[144] Das klingt nach einer gewöhnlichen Trotzphase. Welche Erleichterung für Eltern, die mit solchen Situationen überfor-

---

143 Vgl. http://www.sonnenreisende.de/indigokinder.html.
144 Vgl. ebd.

dert sind, wenn sie sagen können: Wir haben ein besonderes Kind, ein Indigo. Gleiches mag für Eltern gelten, die darauf angesprochen wurden, dass ihr Kind zu lange am Computer oder vor dem Fernseher herumhängt. Sie müssen sich nicht sorgen, denn dieses Verhalten ist lediglich ein Zeichen für die Besonderheit ihres Kindes. Kinder als Auserwählte, um den Planeten Erde zu retten. Keine leichte Zeit für Pädagogen und »normale« Mitschüler!

Verhaltensauffällige Kinder, die dringend Begleitung brauchen, schlicht als Wesen einer neuen Zeit zu betrachten, grenzt an unterlassene Hilfeleistung. Weit verbreitete Störungen bei Kindern wie das Aufmerksamkeitsdefizit-/Hyperaktivitätssyndrom (ADHS) sind ernsthafte Erkrankungen, die einer anerkannten Therapie bedürfen. Alles andere ist grob fahrlässig.

Das Netzwerk hat sich entwickelt

Nachdem das Buch von Lee Carroll rechtzeitig zur Diskussion um die Jahrtausendwende platziert worden war, hat sich die Kryon-Gemeinde über die Jahre facettenreich ausgebreitet. Die geheimen Botschaften sind inzwischen gut im Markt angekommen und werden weiterhin verbreitet. Das Channeling, also der Empfang und die Weitergabe von Botschaften übernatürlicher Wesen, läuft gut und bedient sich unterschiedlicher Medien. Die Kontaktaufnahme einer ausersehenen Person, die fähig ist, von Geistwesen, Engeln oder Toten Botschaften zu empfangen und Ratschläge zu erteilen, wird inzwischen von vielen Fernsehsendungen erschreckend unkritisch dokumentiert. Auch Kryon und die mittlerweile zahlreich gewordenen Empfänger seiner geheimen Botschaften sind gut im Geschäft. Es gibt Versuche von Massenveranstaltungen mit öffentlichem Channeling, Kryonfestivals mit dem Verkauf entsprechender DVDs und ein Willkommens-Channeling von Kryon, das als MP3-Datei aus dem Netz heruntergeladen werden kann.[145]

Kryon höchstpersönlich grüßt seine Gemeinde mit solchen oder ähnlichen etwas unscharfen Worten: »Seid gegrüßt meine Lichtarbeiter, ich bin KRYON vom magnetischen Dienst. Ich spreche durch das Medium und während sie meine Buchstaben niederschreibt, erhöhe ich jeden einzelnen Buchstaben mit meiner Energie, um euch in eurer Seele anzutreffen. [...] Ich – Kryon, werde euch durch das Medium 48 Schritte lehren, damit ihr den Schleier des Vergessens beiseite rücken könnt und in der Lage seid, eure

---

145 Vgl. http://www.kryonschule.de/ oder die Konkurrenzseite http://www.kryon.de/.

ganze göttliche Kraft zu leben, in großer Freude und im Lichte des Zeitalters der Neuen Zeit.«[146]

Nun könnte man meinen, es sei egal, ob Eltern in ihren Kindern die Könige der Welt sehen, ob sie zu Kryon beten oder sonst etwas tun. Allerdings vermischen sich hier wie bei anderen Angeboten und ideologischen Ansätzen die Ebenen von Spiritualität und menschlicher Unversehrtheit. Oft wird das Kindeswohl aufs Spiel gesetzt, weil die Erwachsenen in ihrer Verblendung das Heil suchen und sich dabei selbst aufgeben. Es geht ja immerhin um ein neues Zeitalter, um die Vermittlung von Denkstrukturen, Energieflüssen und Erlösungstheorien, die die Übernahme von Verantwortung für die Weltgemeinschaft zu relativieren imstande sind. Kräfte übertragen sich nur auf die Auserwählten, die es zu erkennen gilt, die sie zu etwas ganz Besonderem machen in der allgemeinen Welt. In diesem Fall sind die Kräfte aufgeladen zu göttlichen Kräften.

Die in den verschiedenen Facetten der okkulten Welt heranwachsenden Kinder sind in vielen Bereichen gefährdet. Die Gefahren gehen in der Regel von den Eltern aus, aber auch esoterisch geschulte und verblendete Lehrer oder Bezugspersonen der Jugendämter oder anderer Institutionen können die Kinder in große Nöte stürzen. Hoffen wir für die Kinder, dass sie einigermaßen unbeschadet an Leib und Seele diese Erziehung überstehen und irgendwann in der realen Welt ihren eigenen Weg gehen können. Zu befürchten ist allerdings, dass sich das esoterische Gedankengut so einprägt, dass viele von ihnen in diesem Lebensentwurf hängen bleiben und ihn sogar weitertragen.

---

146 http://www.kryonschule.de/.

Autoritäres Gedankengut, alternativ therapeutisch verpackt

Ein Beispiel dafür, wie subtil und menschenverachtend ideologisches Gedankengut sich als Bestandteil der Gesellschaft etablieren kann und damit in die Entwicklung von Kindern und Jugendlichen einschleicht, ist das Prinzip der Familienaufstellungen von Bert Hellinger. Systemisches Familienaufstellen ist weit verbreitet in den verschiedensten Angeboten der entsprechenden Szene. Auch in Volkshochschulen und in der Seminartätigkeit von ausgebildeten Pädagogen kann man plötzlich wahrnehmen, dass sie sich die Praxis des therapeutischen Stellens von Familienproblemen angeeignet haben. Bei Nachfragen kann sich durchaus herausstellen, dass die Ursprünge der Ideen, die dort vertreten und an Menschen angewandt werden, gar nicht immer bekannt sind. »Hellingers eigentlicher therapeutischer Coup ist der, dass er ein anregendes Rollenspiel zum aufregenden Mysterienspiel gemacht hat. Seine Methode trifft den Nerv der Erlebnisgesellschaft: Es geht schnell, es geht gleich heftig zur Sache, und man macht Erfahrungen, die man sich nicht erklären kann. Beim ›Familienstellen nach Hellinger‹ gibt es noch etwas ›Echtes‹ zu erleben.«[147]

In der Hamburger Ausgabe des Esoterikblattes *Körper, Geist und Seele* (KGS) finden sich selbstverständlich Angebote zu System- und Familienaufstellungen. Der Name Hellinger taucht dabei neuerdings nicht mehr in jedem Fall auf. Das Strukturnetzwerk, das sich im Laufe der Zeit entwickelt hat, macht dies nicht mehr nötig. Außerdem hat es auch hier

147 Martin Buchholz, Da sitzt das kalte Herz!, in: Die Zeit 21.08.2003, Nr. 35.

den Anschein, als vermische sich die Uridee mit anderen Ansätzen. Ohne die Entwicklung des Hellinger-Prinzips sind diese Angebote allerdings undenkbar. Im November 2010 lautete das Angebot wie folgt: »Eingeladen sind Menschen, die ihre familiäre, partnerschaftliche oder berufliche Situation ordnen wollen und Neuorientierung oder Veränderung suchen – Menschen die Unterstützung bei körperlichen Krankheiten oder psychosomatischen Beschwerden benötigen – Menschen, die in Kürze eine wichtige Entscheidung treffen müssen – Alle, die unsere Aufstellungsarbeit kennen lernen möchten.«[148] Es liest sich wie ein Rundum-Sorglos-Paket. Alles drin, alles regelbar, und wenn die Anbieter noch einen Doktortitel haben, erhöht dies wahrscheinlich in den Augen der Suchenden die Seriosität. Die Methode hat ihre Zeit gebraucht, um sich zu etablieren. Im Vergleich zu anderen Entwicklungen hat sie jedoch relativ schnell Eingang in den Alltag vieler Menschen gefunden.

Hellinger verkaufte seinen Ansatz von Anfang an als Therapie, nach der Devise: Wer Probleme hat, welcher Art auch immer, ist in irgendeiner Weise krank und braucht Therapie, braucht Heilung, um mit seinen Sorgen und Nöten klar zu kommen. Einmal mehr wird der Stempel »Krankheit« zum Erklärungs- und Verkaufsmuster in der Szene.

Im Magazin *esotera*, der Zeitschrift für spirituelles Leben, wurde 1997 über Bert Hellinger und seine Aktivitäten unter der Überschrift *Heil werden durch die »Ordnung der Liebe«* berichtet. Damals war der »Therapeut« Hellinger bereits ein gutes Stück in Deutschland mit seinen Bühnenshows etabliert. Es soll Menschen gegeben haben, die aus Enttäuschung über ein schlechtes Fernsehprogramm für 20 Euro Eintritt lieber zur Hellinger-Show gegangen sind,

---

148 Vgl. KGS Hamburg, November 2010, 29.

weil da mehr Action geboten würde. Das Esoterikmagazin rührte heftig die Reklametrommel und feierte Hellinger euphorisch: »Bert Hellinger, 72, der Mann auf der Bühne, ist ein Phänomen. Er ist der Therapeuten-Therapeut, der große Lehrmeister einer bunt gemischten Schar von professionellen Helfern und Heilern – Ärzten, Psychiatern, Psychologen, Pädagogen, Therapeuten verschiedenster Herkunft –, Erfinder einer neuen Art von Therapie und doch alles andere als ein Therapeut. […] Gemessen am Zulauf und der publizistischen und tatsächlichen Verbreitung seiner Arbeit ist Bert Hellinger der absolute Star unter den zeitgenössischen Therapeuten, und doch ist er der völlige Anti-Star: still, ebenso bescheiden wie selbstbewußt, schlicht, schelmisch, nachdenklich, in der Sache unbeirrbar und doch auch einer, dem es nichts ausmacht, Fehler einzugestehen oder sich von Schülern (die er eher als Kollegen sieht) öffentlich korrigieren zu lassen. Ein Mensch.«[149]

Der frühere Missionar wird als Star einer Heilungsentwicklung in der entsprechenden Szene auch weiterhin gefeiert. Von den ersten kritischen Begleiterscheinungen unbeeindruckt, fand er sich auf einem evangelischen Kirchentag wieder, allerdings erst Jahre später. Warum auch nicht, mag man sich fragen, schließlich zeigt seine Biografie ja, dass er aus dem christlichen Milieu stammt. Und der zunehmend unkritische Umgang in der evangelischen Kirche mit verschiedenen Merkwürdigkeiten fällt dem kritischen Beobachter durchaus auf. Der Erfolg seiner Methode verblüffte doch einige, aber wie so häufig gibt es relativ simple Erklärungen. Die Einfachheit seiner Herangehensweise wird einen Ausschlag gegeben haben. Auch medizinisch und therapeutisch oder pädagogisch völlig ungebildete Personen konnten sei-

---

149 esotera, Juli 1997, 23.

ne Methode erlernen und verbreiten. Die Erklärung für alles ist schlicht, allerdings ideologisch hoch problematisch. Ursula Nuber hat in einem Sammelband über Hellingers Wirken einen wesentlichen Aspekt seines Erfolges und seiner Methode zusammengefasst:»Es sind einfache und schnelle Lösungen, die Hellinger anbietet. Eine Familienaufstellung dauert selten länger als 20 Minuten, und sie erinnert damit stark an eine bereits überwunden geglaubte sogenannte Rückbesinnung auf ›alte Werte‹. Betrachtet man Hellingers Werdegang, dann ist man versucht, seinen Konservatismus auf seine katholischen Wurzeln zurückzuführen: 15 Jahre lang lebte er als Ordenspriester in Südafrika. Doch ganz so einfach ist es wohl nicht. Denn er hat seinem Orden den Rücken gekehrt und sich der Psychotherapie zugewandt. Er absolvierte, so zumindest die Legende, eine psychoanalytische Ausbildung, die psychoanalytische Vereinigung habe ihm allerdings die Anerkennung verweigert. Angeblich, weil er sich den Ideen des seinerzeit (und bis heute) heftig umstrittenen Primärtherapeuten Arthur Janov geöffnet habe. Ende der 70er-Jahre griff er den ›neuen Trend‹ im Therapiebereich auf, die Familientherapie. [...] Die Faszination, die Hellinger auf Therapeuten wie Klienten ausübt, besteht vielmehr in seiner Unbeirrbarkeit, mit der er seine Überzeugungen vertritt. So frei von Zweifel, so urteilssicher und unbeeindruckt von Kritik, ja auch so autoritär aufzutreten – das hat lange niemand mehr gewagt, schon gar nicht im therapeutischen Rahmen.«[150]

Die Methode Hellinger. Anschaulich beschreibt der Redakteur der *esotera* im Jahr 1997, wie mit einem Hilfesu-

---

150 Ursula Nuber, Eine unheimliche Ordnung, in: Colin Goldner (Hg.), Der Wille zum Schicksal, Wien 2003, 10.
Vgl. auch Ursula Nuber, Eine unheimliche Ordnung, in: Psychologie heute, Juni 1995, 20.

chenden bei einer Hellinger-Veranstaltung umgegangen wird. Was die »Therapiemaßnahme« auf der Bühne durch den neuen Star der Alternativ-Therapie bei ihm ausgelöst hat und was danach passierte, wird natürlich nicht überliefert. Nach der Bühnenvorstellung ist die therapeutische Behandlung zu Ende. Hoffen wir für diesen Menschen, dass er das unbeschadet überstanden hat. Hellinger stellt Personen auf die Bühne, die als Stellvertreter fungieren für Familienmitglieder des Klienten. *esotera* beschreibt einen solchen Vorgang: »›Knie dich vor den Vater, die Stirn auf den Boden, Handflächen nach oben.‹ Die Stimme ist sanft, der Gesichtsausdruck (von Hellinger – die Verf.) freundlich und mitfühlend, aber es besteht nicht der leiseste Zweifel, dass es hier um alles geht und Ausflüchte zwecklos sind. ›Sag zum Vater: ›Ich bin es nicht wert, dein Sohn zu sein. Nimm mich als deinen Knecht.‹‹ [...] Der junge Mann, mit dem er arbeitet, wird von einem tiefen Weinen erschüttert, während er vor dem Mann kniet, der als Rollenspieler seinen Vater darstellt. Als er nach einiger Zeit den Kopf hebt und aufsteht, scheinen Zentner von ihm abgefallen zu sein. Er fällt dem Vater – einem Alkoholiker, den er immer bekämpft und, in Stellvertretung der Mutter, sogar verprügelt hat – befreit in die Arme. Beide lachen und weinen zugleich mit glücklichem Gesicht.«[151] So einfach! Die Probleme mit einem alkoholkranken Vater sind dadurch gelöst, dass sich der Sohn als Knecht unterwirft. Schon beim Lesen dieser Beschreibung sollte doch jedem Menschen klar sein, wie verantwortungslos mit den Kindheitserfahrungen dieses jungen Mannes hier umgegangen wird. Aber weit gefehlt, Hellinger wird gefeiert, geradezu als Erlöser, der mit einfachen Mitteln Menschen befreit.

---

151 esotera, Juli 1997, 23.

Der Vater: In Hellingers rückwärtsgewandter therapeutischer Ideologie kommt diesem Familienmitglied die entscheidende Bedeutung zu. Er ist Autorität, der Sinn der Familie. In der kritischen Literatur wird der damit zum Ausdruck kommende hochproblematische Ansatz wie folgt beschrieben: »Betrachtet man Hellingers ›Urteile‹ nicht als Ausdruck ›ewiger Wahrheiten‹, sondern als Ausdruck seiner persönlichen Beziehungsszene, als die Art, wie er Familienbeziehungen sieht und sehen will, dann fühlt man sich gelegentlich in das 19. Jahrhundert zurückversetzt. Zeitweise sind es auch alttestamentarische Bilder, die sich da zeigen. Man findet Vorstellungen über eine ›geordnete Familie‹, die streng hierarchisch gegliedert ist: ›Oben‹ sind immer die Mitglieder der altvorderen Generation, als die jeweiligen Eltern der Personen, mit denen oder über die Hellinger spricht; die Frauen und Kinder müssen dem Manne ›folgen‹, sie sind ihm untergeordnet; das erstgeborene Kind hat Vorrecht vor den später geborenen Kindern usw. [...] Interessant auch: Der Sohn löst sich von der Mutter, indem er zum Militär eingezogen wird (nicht etwa zum Zivildienst – denn dort bleiben die Männer ›Muttersöhne‹).«[152]

Der autoritäre Ansatz bei Hellinger, der durch die von ihm ausgebildeten Personen ausgeübt, gelehrt und weitergereicht wird, ist eine Gefahr, da sein Menschen- und Gesellschaftsbild einem freiheitlichen, selbstbestimmten Leben entgegensteht. Die Sehnsucht, jemanden zu finden, der den Weg vorgibt und in der Lage ist, das zu vermitteln, ist ungebrochen. Bei der inzwischen durchaus bemerkenswerten Verbreitung des propagierten Familienbildes von Hellinger

---

152 Thea Bauriedl, Macht und Ohnmacht. Hellingers Vorstellungen über die Psychodynamik in Familien, in: Colin Goldner, Der Wille zum Schicksal. Die Heilslehre des Bert Hellinger, Wien 2003, 47 f.

kann man sich vorstellen, dass die Anhänger, und dazu gehören zahlreiche Pädagogen, entsprechenden Einfluss auf Kinder und Jugendliche ausüben.

Aber Hellinger zeichnet sich nicht nur durch sein eigenes autoritäres Bild des menschlichen Zusammenlebens aus, er zeigt sich durchaus begeistert von einer anderen Konzeption der Kindererziehung. So ist bekannt, dass er wohl bereits seit Anfang der 90er-Jahre des letzten Jahrhunderts gemeinsame Veranstaltungen mit Jirina Prekop durchgeführt hat. Die aus Tschechien stammende Psychologin steht für eine Erziehungstherapie, die darauf aufbaut, Kinder zu brechen, die sogenannte Festhaltetherapie. Claudia Kierspe-Goldner dazu: »Bezeichnend für Bert Hellingers Affinität zu autoritären Konzepten ist seine Begeisterung für die sogenannte ›Festhaltetherapie‹ Jirina Prekops, das mit Abstand brachialste und vergewaltigendste Pseudoheilverfharen, das die Psycho- und Alternativtherapeutenszene bereithält.«[153]

Bei dieser Methode handelt es sich praktisch um die Erziehung mit Zwangsjacke. Die Theorie ist einfach und könnte aus den Folterkammern des Mittelalters stammen: Kommen die Eltern mit dem Kind nicht zurecht, aus welchen Gründen auch immer, wird das Kind so lange festgehalten, also fest umarmt, bis es keinen Widerstand mehr leistet. Ein Hilfsmittel der Gewalt für Eltern oder auch Lehrer; schließlich könnte man den Pädagogen nicht vorwerfen, sie würden Kinder schlagen. Nein, der Wille des Kindes wird gebrochen. Wenn das Festhalten durch Umarmung nicht ausreicht, kommt nach Prekop ein Festhaltegurt zum Einsatz. Möglichst häufig soll das angewandt werden. Vier bis sechs Stunden soll die Prozedur dauern, bei der das Kind

---

153 Claudia Kierspe-Goldner, »Und bist du nicht willig ...«. Wiederkehr der »Schwarzen Pädagogik«, in: ebd., 191.

weder über seine Körperlage (es liegt grundsätzlich auf dem Rücken) noch über seine Bewegungen entscheiden darf.

Hier wird Kindern, die sich vermutlich völlig altersgemäß verhalten, deren Eltern aber erziehungsunfähig sind, das Prädikat verliehen, sie seien psychisch gestört und damit krank. Berücksichtigt man den großen Bucherfolg, muss wohl befürchtet werden, dass in deutschen Wohnungen und Häusern mehr arme Kinder als krank angesehen werden, als man es sich vorstellen kann. Im Übrigen empfiehlt Jirina Prekop diese Methode bei psychisch Kranken generell und bei Autisten. Mal wieder ist ein Allheilmittel entstanden.

Es ist keine Seltenheit, dass Kinder als psychisch gestört eingestuft werden und die jeweilige Methode damit einsetzbar gemacht wird. Auch der Scientology-Gründer Hubbard hat nicht ohne Grund kindliches Verhalten als psychotisch eingestuft. Erschreckend im Zusammenhang mit Hellinger und Prokop ist, wie viele Menschen solche Methoden und Anwendungen an anderen Menschen unkritisch übernehmen. Außerdem sollte zu denken geben, dass ausgerechnet in Deutschland rabiate Erziehungsmethoden und ihre schriftliche Verbreitung derartige Erfolge feiern: »Auch die Festhaltetherapie selbst wurde ursprünglich in den USA erprobt – Hauptvertreterin war die New Yorker Psychologin Martha Welch –, konnte sich aber weder dort noch sonst irgendwo richtig durchsetzen (auch nicht in Italien, wo Anfang der 1980er-Jahre ein gewisser Michele Zappella damit Furore machte). Nur im deutschsprachigen Raum fand das Verfahren, Kinder so lange in unnachgiebigem Klammergriff festzuhalten, bis sie in Lethargie verfallen, weite Verbreitung. Wenngleich das ›erzwungene Halten‹ (forced holding) auch unter hiesigen Erziehungwissenschaftlern und Psychotherapeuten als ›Wiederkehr der schwarzen Pädagogik‹

auf teils heftigste Kritik stieß (z. B. Biermann 1985, Dalferth 1988, Feuser 1988, Störmer 1989), avancierte Prekops Buch *Der kleine Tyrann* (1988) zum unangefochtenen Familien-Bestseller. Wie viel als Folge davon seither in Wohnstuben und Kinderzimmern herumexperimentiert und an kaum wieder gutzumachendem Schaden angerichtet wurde – das Buch wurde bis heute mehr als 20 Mal wieder aufgelegt –, lässt sich nicht einmal erahnen. Untersuchungen hierzu gibt es nicht.«[154]

Bert Hellinger hat wie andere in der Szene ein Netzwerk geschaffen. Ähnlich wie bei Strukturvertrieben haben sich seine Methode und somit sein Familienbild verbreitet. Mahnende und aufklärerische Schriften und Vorträge gab es genug, aber das führte nicht dazu, dass staatliche oder kirchliche Stellen wirklich kritisch mit Hellinger umgegangen wären. Die Ideen haben es in die Fortbildung für Pädagogen geschafft. Wie andere Ideen aus dem Esoterik-Bereich hat es diese Ideologie in der Vergangenheit geschafft, sich ein Stück weit in der Gesellschaft zu etablieren. Die Auswirkungen werden gesellschaftlich zu spüren sein. Hellinger zur Verantwortung zu ziehen, wird dagegen kaum im Rahmen der Möglichkeiten liegen. Auch hier wird sich Geschichte wiederholen, denn die Auslöser von Nachwirkungen, ob individueller oder gesellschaftlicher Art, sind in der Regel schwer zur Rechenschaft zu ziehen.

---

154 Ebd., 193 f.

Die Vergangenheit – eine lange Liste

Wie viele Kinder weltweit aufgrund ihrer verblendeten oder abhängigen Eltern ihrer selbstständigen Entwicklung zu freien Menschen beraubt werden oder wegen übernommener Erziehungsanweisungen wiederum ihre Kinder quälen oder quälen lassen, ohne einzuschreiten, ist nicht bekannt. Kommt etwas derartiges ans Tageslicht, wird schnell die Erklärung gegeben, dies seien Einzelfälle. Verbindungen zu einer bestimmten Lehre oder einem Glauben werden im weiten Feld der Esoterik, aber ebenso bei unter christlichen Vorgaben lebenden und quälenden Personen eher selten gezogen. Die Zusammenhänge, die grundsätzlich bei islamischen Gläubigen gesehen werden, finden hier nicht statt. Verfolgt man die Medien, wird man häufiger auf solche Fälle stoßen, als viele Menschen, die sich nicht so intensiv mit dem Thema beschäftigen, glauben mögen. Im deutschsprachigen Raum wurden und werden immer wieder Fälle bekannt, und es wird darüber berichtet. Meistens beschränkt sich die Berichterstattung auf die Region, in der es passiert ist. Eher selten wird es zu einem bundesweiten oder internationalen Thema.

So berichtete der *Schweizer Tages-Anzeiger* im November 2010 von einem Strafverfahren gegen einen Vater, dessen Lebensgefährtin und eine Sozialpädagogin.[155] Die Tochter des Mannes war 2006 im Alter von 4 Jahren verstorben. Die Ange-

---

155 Vgl. Gabrielas Quäler stehen vor Gericht, in: Tagesanzeiger 1.11.2010, http://www.tagesanzeiger.ch/service/archiv/.
Vgl. Der »Schreibknecht Gottes«. Neuoffenbarer Jakob Lorber wird wie ein Messias verehrt, in: Tagesanzeiger 1.11.2010, ebd.
Vgl. »Wen Gott liebt, den züchtigt er«, in: Tagesanzeiger 30.11.2010, ebd.

klagten waren Anhänger der Lehren von Jakob Lorber (1800-1864). [156] Der »Schreibknecht Gottes« hat sich nicht nur über Gut und Böse ausgelassen, wie es der Tages-Anzeiger berichtet, sondern auch eine im Namen Gottes notwendige »Pädagogik« entwickelt, eine Form der Kindererziehung, die in diesem Fall zum qualvollen Tod des kleinen Mädchens führte. Das psychiatrische Gutachten, das in diesem Verfahren über den Vater erstellt wurde, erkannte dieser natürlich nicht an; er sei nach eigener Auffassung völlig gesund, und wenn er von anderen als »anders« wahrgenommen werde, dann liege das einzig und allein daran, dass er sein Leben Gott anvertraut habe und Jesus sein Lehrer sei. Dieses gottgeweihte Leben, das zum Tod der Tochter führte, beschrieb die Anklageschrift laut Tages-Anzeiger wie folgt: Die drei Angeklagten hätten ein »folterähnliches, tyrannisches Strafsystem« etabliert und ihre Opfer, die Kinder, hätten sich nicht wehren können. Das Erziehungssystem sei grausam und erniedrigend gewesen.

Die Schuldigen am Tod des Mädchens sind zur Verantwortung gezogen worden. Aus ihrer Sicht wahrscheinlich völlig zu Unrecht, denn sie hätten die Kinder nicht für die Welt erzogen, sondern, wie die angeklagte Sozialpädagogin im Gericht bekundete, für den Himmel. Gerade diese im Ruhestand lebende Frau distanzierte sich von weltlichen Erziehungsmustern. Erst als sie die Bibel und die Schriften Jakob Lorbers verstanden hätte, habe sie begriffen, dass die weltliche Psychologie falsch liege. Diese Bibelerkenntnis führte zum Tod des Kindes. Inzwischen ist ein weiteres Kind des angeklagten Mannes geboren. Immerhin schritt die zuständige Behörde rechtzeitig ein, das Kind kam gleich nach der Geburt in eine Pflegefamilie. Ein Kind musste ster-

---

156 Eine kritische Auseinandersetzung mit der Lorberbewegung findet sich hier: http://www.jakoblorber.de.

ben, damit sein Geschwisterkind in Freiheit und Gesundheit aufwachsen kann.

Kinder zu quälen, zu missbrauchen und dafür ins Gefängnis zu wandern, heißt allerdings nicht, dass nach der Haftstrafe nicht ein neues, anerkanntes Leben auf den Guru einer solchen Gemeinschaft warten kann. Ein solcher Skandal fand in Österreich statt. Der Mann, um den es geht, hat mit seinen Aussagen wiederholt deutlich gemacht, was er von seinen Anhängern hielt. Überliefert ist beispielsweise sinngemäß dieser Satz: »Verzichte auf deine Persönlichkeit, du hast nämlich keine«.[157] Die Ansage ist unmissverständlich: Du bist nichts wert. Der das sagte, war der Lehrer und Aktionskünstler Otto Muehl (* 1925), einer der wichtigsten Vertreter des Wiener Aktionismus. Anfang der 1970er-Jahre machte er durch die Gründung einer Kommune, der Aktionsanalytischen Organisation (AAO), von sich reden, welche die Abschaffung der Zweierbeziehung postulierte und zunehmend autoritative, hierarchische, aber auch autoritäre Strukturen entwickelte.[158]

Im Zuge der Ideologie der revolutionären Abschaffung der Kleinfamilie herrschte Muehl Ende der 80er-Jahre über etwa 700 Anhänger, die im Burgenland in Österreich oder auf einem Anwesen in La Gomera auf den Kanaren lebten. Seine Macht über diese Menschen war grenzenlos. Selbst die Entscheidung, wer Kinder haben durfte und wer nicht, oblag nach den damaligen Veröffentlichungen dem Guru Muehl. Um dem verhassten Bild der Kleinfamilie von Anfang zu entgehen, soll er Babys nach der Geburt den leiblichen Müttern weggenommen und Ersatzmütter bestimmt haben. Die übliche Frage, wenn solche Berichte bekannt

---

157 Vgl. http://www.agpf.de/Schlothauer-AAO-Muehl.htm.
158 Vgl. http://www.relinfo.ch/aao/info.html.

werden, warum sich die Menschen das alles über Jahre gefallen lassen, ist auch hier nur begrenzt beantwortbar. Wie immer wird die Angst des Verrats einer Idee und die Angst vor dem Guru eine Hemmschwelle gewesen sein. Immerhin war der Spuk irgendwann vorbei, Muehl wurde von der Staatsanwaltschaft angeklagt. Einer der Hauptvorwürfe war Unzucht mit Minderjährigen. Wieder einmal mussten Kinder leiden, wieder einmal wurde sehr spät reagiert. Muehl wurde immerhin – und das ist selten genug – zur Rechenschaft gezogen und 1991 wegen Verbrechen gegen die Sittlichkeit und das Suchtgiftgesetz zu sieben Jahren Haft verurteilt.

Von März bis Mai 2004 wurde im Museum für angewandte Kunst in Wien die Ausstellung *Otto Muehl. Leben/ Kunst/Werk* gezeigt. Das Land Österreich besinnt sich auf einen Künstler. Nach dem Knast erfuhr Muehl also keine Ächtung in der Gesellschaft, stattdessen wurde er hofiert. Unter dem Deckmantel der Freiheit der Kunst wurde einem Kinderschänder gehuldigt. Damit geht die Botschaft in die Welt: Egal wie deine Vergangenheit aussieht, wie viele Opfer noch immer leiden, einem Künstler wird vergeben. Peter Pitzinger von der Niederösterreichischen Landesstelle für Sektenfragen in St. Pölten hat vor der Eröffnung der Ausstellung sehr klar zusammengefasst, was davon zu halten ist: »Ein Mann, der sagt, seine Opfer hätten ja schließlich auch Spaß an diesem Missbrauch gehabt, ist widerwärtig. Einem solchen Mann darf keine weitere Bühne gegeben werden. Das verlangt der Opferschutz und der Anstand von uns.«[159]

In Deutschland und anderswo wird immer wieder einmal diskutiert, ob bei bestimmten Straftätern wie Vergewaltigern oder Kinderschändern nach der Haftentlassung nicht

---

159 http://stjosef.at/artikel/otto_muehl_pitzinger-kommentar.htm.

öffentlich gemacht werden sollte, wo sie wohnen, damit sich die Umgebung auf die eventuelle Bedrohung für Frauen und Kinder einstellen kann. Herr Muehl muss sich in Österreich über solche Dinge keine Sorgen machen. Vielleicht hat ja der nächste Kinderschänder der Szene nach seiner Haftentlassung ebenso viel Entgegenkommen zu erwarten. Allerdings ist dieser kein Österreicher, also besteht die Hoffnung, dass dies nicht passiert …

Täterschutz – Das deutsche Heilpraktikergesetz

Der gesetzliche Täterschutz für viele Heiler, selbsternannte Therapeuten und Scharlatane beginnt in Deutschland im Jahr 1939. In diesem Jahr erblickt das »Gesetz über die berufsmäßige Heilkunde ohne Bestallung« das Licht der Welt. Damit beginnt für viele ein lukratives Geschäft und für die Opfer der Szene die Leidensgeschichte. Es bedeutet bis heute, dass medizinisch Ungebildete auf die Menschheit losgelassen werden. Angehende Heilpraktiker müssen sich zwar bei den Gesundheitsministerien oder Gesundheitsbehörden einer sogenannten Überprüfung unterziehen, allerdings kann das nicht gleichgesetzt werden mit einer Examensprüfung oder ähnlichem. Es ist ein Verwaltungsakt. Hat jemand erst einmal die Heilpraktikerbescheinigung in der Tasche, ist es allerdings schwer, ihm diese wieder abzunehmen. Der Täterschutz des Gesetzes reicht bis in die Gerichtssäle. Das liegt wohl in einem großen Maße daran, dass nicht der einzelne Mensch im Mittelpunkt des Gesetzes steht, sondern nach dem Heilpraktikergesetz tätige Heiler der »Volksgesundheit« verpflichtet sind.

Keine kritische Literatur der letzten zwanzig Jahre, die sich mit Esoterik, Okkultem oder Alternativmedizin befasst, kommt an der Forderung vorbei, endlich in Deutschland dieses Gesetz zum Schutz von kranken Menschen abzuschaffen oder zumindest neu zu formulieren. Da die Lobby der Alternativmediziner sich vehement gegen eine Abschaffung wehren würde (aus ihrer Sicht verständlich), ist zumindest einzufordern, dass die Ausbildung mindestens die Standards der medizinischen Ausbildung beinhalten sollte. Es ist in Deutschland heute davon auszugehen, dass von jeder medizinischen Fachangestellten (leider werden sie im Sprachgebrauch immer noch als Arzthelferinnen bezeichnet) in ihrer Ausbildung mehr medizinischer Sachverstand bei der Abschlussprüfung abgefragt wird, als bei den Heilpraktikern. Außerdem können medizinische Fachangestellte durch Prüfungen durchfallen, und es soll durchaus Personen geben, die ihren Traumberuf Arzt nicht ausüben können, weil sie die Examina nicht geschafft haben. Diese Sorgen muss man sich unter den medizinischen Laien der Heilpraktiker nicht machen: »Nochmal: Heilkundliche Ausbildung wird nicht vorausgesetzt. Die ›Überprüfung‹ als Verwaltungsakt kann im Falle des Nichtbestehens endlos wiederholt werden, sodass irgendwann selbst der Ahnungsloseste durchkommt. Im Bestehensfalle ist der Heilpraktiker berechtigt, sich mit nahezu jeder Methodik in nahezu jedem medizinischen Bereich zu schaffen zu machen«.[160]

Da kaum eine Gefahr besteht, dass Personen mit dem Drang zum Heilen staatlicherseits ernsthaft zur Rechenschaft gezogen werden, sind die Ratschläge für die Heiler erfrischend deutlich.

So wirbt ein Hamburger Heilpraktiker, der selbst eine Heilpraktikerschule betreibt, auf seiner Internetseite mit folgenden Sätzen: »Wenn Sie Heilpraktiker werden wollen, ist es – aus meiner eigenen Erfahrung – günstig, den Schwerpunkt zunächst ganz auf den Erwerb der Zulassung als Heilpraktiker zu legen. Denn erst wenn Sie die Überprüfung erfolgreich hinter sich gebracht haben, verfügen Sie über die Kapazität, sich ernsthaft therapeutisch auszurichten.«[161] Mit anderen Worten: Erst einmal sollte man die Lizenz zum

---

160 Goldner, Collin, Die Psychoszene, 2000, S. 71.
161 mike-hellwig.de-Inhalte-dieser-Ausbildung.

Gelderwerb in der Tasche haben, danach kann man sich ja überlegen, welcher Heilerweg am besten ankommt.

Der Heilpraktiker, der diesen Ratschlag gibt, bietet eine Heilpraktikerausbildung nach NLP (Neurolinguistisches Programmieren) und Hypnose an. Er behauptet aus seiner Werbeseite im Netz, dass diese Ausbildung bei ihm vom Bundesministerium für Bildung und Forschung mit einer Bildungsprämie gefördert wird.[162] Das mag stimmen oder auch nicht, man kann nur hoffen, es stimmt nicht.

Er hat aber noch mehr zu bieten: So kann sich die angehende Heilerriege bei ihm auch schon einmal die »Prüfungsfragen« für die Erlaubnis zum Gelddrucken durch Heilung ansehen. Nach Bundesländern aufgeteilt, erfährt man schon, dass diese staatlichen Hürden in keinem Bundesland unüberbrückbar sind und wiederholen kann man ja ohnehin endlos.

In den letzten zehn Jahren ist ein weiterer Trend zu verzeichnen, der mehr und mehr Raum in der Szene einnimmt: die Fernheilung. Hier finden sich Geistheiler, Engeltherapeuten und fast alles andere, was man leiblich auf Esoterikmessen begutachten kann. Nicht nur, dass die hilfesuchende Person sich nicht einmal im wahrsten Sinne des Wortes ein Bild von dem Menschen machen kann, dem nun Ängste und Sorgen und Krankheitsbilder übermittelt werden, nein die Wunderheiler per Telefon sind in den meisten Fällen mit anderen Mächten verbunden, die die entscheidenden Heilungswege aufzeigen. »Die meisten Anbieter vereinbaren einen festen Termin für die Behandlung, zu dem sich der Patient dann entspannen und ›öffnen‹ soll. Der Fernheiler, so die geläufigste Vorstellung, verbindet sich zu diesem Zweck mit einer höheren Macht wie beispielsweise dem ›göttlichen

---

162 Ebd.

Selbst‹ des Patienten oder auch Gott, Jesus oder Maria. Von diesen empfängt er Energie und leitet sie an den Patienten weiter, ›ähnlich einer E-Mail mit Anhang‹, informiert ein Anbieter«.[163]

Sollte nun derjenige, der die Heilpraktikerszene mit Wohlwollen betrachtet, davon ausgehen, dass ein staatlich anerkannter Heilpraktiker selbstverständlich niemals mit Fernheilung arbeiten würde, so sieht sich dieser leider getäuscht.

Sicher, im Bereich der Fernheilung sind nach Überblicken der Szene noch immer die meisten mit Kräften unterwegs, die nicht einmal die Heilpraktiker-Lizenz besitzen, allerdings ist die Tendenz, mit einer Heilpraktikerausbildung angebliche Seriosität für das Heilungsangebot zu vermitteln, unbestreitbar auf dem Vormarsch.

»Ich biete Ihnen eine spirituelle oder esoterische Beratung bzw. Lebensberatung an, persönlich vor Ort (wenn Sie in meiner Nähe wohnen) oder telefonisch als Telefonberatung.«[164]

Für diejenigen, die in der Nähe wohnen, bietet das hier beworbene HeilZentrum Regensburg Gesundheits- und Heilabende an, an denen dann unter anderem Vorträge über »Energien, Chakras, Aura, Geistiges Heilen durch Handauflegen und Energieübertragung«[165] angeboten werden.

Was genau bei der Telefonberatung für die nicht in der Umgebung Wohnenden geschieht, wird man wohl kaum erfahren, denn es wird ausdrücklich damit geworben, dass diese Gespräche der völligen Diskretion unterliegen. Es folgt der Hinweis, der vielleicht letzte Zweifel an den Heilungsfä-

---

163 Heike Dierbach, Die Seelenpfuscher, 2009, S.168.
164 der-weg-nach-hause.de.
165 Ebd.

higkeiten verwischen soll:»Als Heilpraktiker habe ich ohnehin eine Schweigepflicht.«[166]

Natürlich gibt es auch gerichtliche Auseinandersetzungen um das Heilpraktikergesetz. Die Rechtsprechung ist allerdings unübersichtlich. Genau auf diese Unübersichtlichkeit zieht sich gerne die Politik zurück. Allerdings ist Gesetze schaffen und Gesetze ändern Aufgabe der Politik.

In der Enquete-Kommission des Deutschen Bundestages zu den Phänomenen der Szene wird seitenlang über die Sachlage zum Heilpraktikergesetz referiert. Die Probleme werden aufgezeigt, und es wird die Begründung geliefert, die dazu führt, dass sich nichts ändert: eben die Rechtsprechung.

»Die Durchsetzung eines effizienten Kundenschutzes wird derzeit (1998, d.Verf.) dadurch erschwert, dass in der Rechtsprechung keine einheitliche Auffassung darüber besteht, was unter dem Begriff ›Ausübung der Heilkunde‹ im Sinne des Heilpraktikergesetzes zu verstehen ist.«[167]

An der Position Täter-vor-Opferschutz in diesem Bereich hat sich bis heute nichts geändert – nur sind es mehr Opfer als Ende der 90er-Jahre.

---

166 Ebd.
167 Bericht der Enquete-Kommission des Deutschen Bundestages, S 265.

Aus Portugal in den Knast

Oliver Shanti, ein Musiker, der in den einschlägigen Szene-Publikationen seit Jahren beworben wird, ist verurteilt worden. Für sechs Jahre und zehn Monate wandert er in den Bau. Im Prozess hat er zugegeben, was wohl nicht mehr bestreitbar war: Er hat Jungen missbraucht. Er wird nur das zugegeben haben, was nachweisbar war. Die Dunkelziffer der betroffenen Kinder wird höher liegen, davon ist wohl auszugehen.

Oliver Shanti ist ein Deutscher, ein Hamburger. Sein bürgerlicher Name klingt nicht spektakulär: Ulrich Schulz. Bei Wikipedia ist nachzulesen, dass er ein Musiker und Musikproduzent im Stil der New Age- und Weltmusik sei.[168] Es wird nicht erklärt, was unter Weltmusik verstanden wird. Mit New Age kann man allerdings etwas anfangen. Doch wird eigentlich bezweifelt, dass er überhaupt musizieren kann. Wie auch immer! Wäre er bei Musik geblieben, er wäre eine Randnotiz in der Auseinandersetzung um Esoterik wert, mehr nicht.

Aber auch Herr Schulz konnte wohl nicht der Versuchung widerstehen, seine Anhängerschaft in eine Kommune zu führen. In den 70er-Jahren soll er die erste Gruppe zusammengebracht haben. Es passt zur Bezeichnung seiner Musik: Das New-Age-Jahrzehnt hat ihn hervorgebracht. Relativ unbehelligt von der Außenwelt, gefeiert als Eso-Musiker, kam es erst zu kritischer Berichterstattung, als er sich schon lange in Portugal mit der Gruppe zurückgezogen hatte. Als unumstrittener Anführer der Gruppe lebte er seine

168 Vgl. http://de.wikipedia.org/wiki/Oliver_Shanti.

sexuellen Bedürfnisse aus. Wieder einmal waren es Kinder, die leiden mussten. Erst nachdem Kinder im Alter von 10 bis 14 Jahren Vorwürfe des sexuellen Missbrauchs in mindestens dreihundert Fällen erhoben und dokumentierten, wurde der Staat aktiv. Der deutsche Kinderschänder wurde per Fahndung gesucht und schließlich nach Deutschland ausgeliefert. Er gestand einen Teil der Taten. Im Jahr 2009 wurde er verurteilt. Die Kinder werden ihr Leben lang leiden, der Guru kann darauf hoffen, bei guter Führung keine fünf Jahre im Knast sitzen zu müssen.

In den Foren der Esoterik-Szene im Internet wurden die Verhaftung und die Vorwürfe diskutiert. Die Fangemeinde ging natürlich erst einmal davon aus, dass »ihr« Musiker unschuldig sein musste. Einige Stimmen waren durchaus bereit, ihm sogar den Missbrauch an Kindern wegen seiner Musik für die neue Welt zu vergeben. Immerhin: Ein größerer Teil missbilligte die Taten, wollte aber trotzdem nicht davon Abstand nehmen, weiterhin die Musik zu hören, zu kaufen oder zu empfehlen.

Man kann hoffentlich davon ausgehen, dass in Deutschland nach der Haftentlassung des Herrn Schulz niemand bereit sein wird, ihm für sein künstlerisches Werk eine Plattform zu bieten.

Nicht ohne meine Schwestern

Dieses Kapitel ist nach einem Buchtitel benannt.[169] Geschrieben haben es Schwestern, die von Geburt an getrennt wurden, weil der Guru es so wollte. Die Gruppe, um die es geht, ist in der Vergangenheit unter dem Titel »Sekte« eigentlich ausreichend bekannt: die Kinder Gottes. Die Schwestern waren den Misshandlungen und dem Missbrauch schutzlos ausgeliefert, da ihre Eltern Anhänger des Anführers David Berg waren. Berg kommt aus dem christlichen Bereich, aus Amerika. Die Entstehungsgeschichte geht auf die 1960er-Jahre zurück. Berg und seine Frau sollen nach bekannten Veröffentlichungen in den USA predigend umhergezogen sein und mit Parolen gegen das »System« den Zeitgeist des Protestes aufgegriffen haben, um so Menschen an sich zu binden.

Die Kinder, hineingeboren in die von Berg geschaffene geschlossene Gruppe, waren den Lehren und den Handlungen hilflos ausgeliefert. Sie wuchsen auf mit dem Bild des gütigen Vaters David Berg, als »Kinder Davids«. Berg selber sah sich in der Nachfolge von König David und des Propheten Moses. Davon abgeleitet hießen seine schriftlichen Botschaften an seine Anhänger »Mo-Briefe«, darin die Verkündigungen und Regeln für die Gruppe. Schon die Kinder verbrachten viel Zeit damit, die Briefe zu lesen. Regelverstöße wurden bestraft. David Berg verkündete, dass möglichst viele Kinder geboren werden müssten, um sie aufwachsen zu lassen als die neue Hoffnung der Welt.

---

169 Juliana Buhring/Celeste Jones/Kristina Jones, Nicht ohne meine Schwestern. Gefangen und missbraucht in einer Sekte – unsere wahre Geschichte, Köln 2007.

Für die Kinder ein schreckliches Leben: »Man sagte uns, es sei ein großes Privileg, in die ›Familie‹ hineingeboren worden zu sein und darin aufwachsen zu dürfen, frei von den Zwängen des ›Systems‹, wie die Welt außerhalb der Sekte genannt wurde. Es sei unsere Bestimmung, Gottes Endzeitkämpfer zu werden und unser Leben der guten Sache zu widmen.«[170] Auch hier die übliche Theorie: Nur wir in dieser Gruppe sind die Retter der Welt. Die Erwachsenen waren in der Parallelwelt des David Berg gefangen, ohne auf die Idee zu kommen, dass die Aussagen oder Prophezeiungen zu hinterfragen wären. So wurden sie zu Tätern an den Kindern.

Berg predigte die Liebe Gottes, und da die Anhänger immer wieder Endzeitprophezeiungen von ihm zur Kenntnis nehmen und verinnerlichen mussten, blieb nur begrenzte Zeit, die Gottesliebe zu leben. Die war dann allerdings sehr weltlich und altersunabhängig. »Den größten Schaden fügte uns Bergs ›Gebot der Liebe‹ zu. Gott war Liebe, und Liebe war gleichbedeutend mit Sex. […] Da das Alter in Bergs ›Gebot der Liebe‹ kein Tabu darstellte, wurden die Kinder der ›Familie‹ zur Befolgung seiner pädophilen Philosophie genötigt. Seine eigenen Kinder und Enkelkinder litten gleichermaßen unter seinen inzestuösen Neigungen.«[171]

Die »Kinder Gottes« waren weltweit aktiv. Auch außerhalb der Vereinigten Staaten von Amerika folgten Menschen seinen Weissagungen oder Offenbarungen, die er natürlich durch den direkten Kontakt zu Gott erhalten hatte. Nach Europa ging es dann wohl hauptsächlich der Sicherheit wegen. In den USA waren Anfang der 70er-Jahre Probleme erkennbar, da die Medien anfingen, kritisch zu berichten. In

---

170 Ebd., 11.
171 Ebd.

Europa ging alles besser. Man suchte sich Großbritannien aus, um Wurzeln zu schlagen. Es dauerte seine Zeit, bis auch hier die Gruppe in die Kritik geriet und die Probleme größer wurden.

Ein Prinzip, das die Gruppenstrukturen wohl zusammenhielt, war, dass die Familien getrennt wurden, um in unterschiedlichen Ländern zu missionieren. Eltern wurden von Kindern getrennt, Geschwister sahen sich jahrelang nicht und wussten nichts voneinander. Trotzdem gelang es einigen, sich dem Diktat der Gruppe zu entziehen. Angst beim Ausstieg begleitete sie, die normale Welt war ihnen fremd, und sie wussten nicht, wie sie zurecht kommen sollten. Aber ohne diese mutigen Menschen hätte die Welt nie erfahren, was in dieser Gruppe – später nannte sie sich um in »Familie der Liebe« – Kindern angetan wurde. Wenn es darum geht, Beispiele aufzuzeigen, wie Kinder in geschlossenen Gemeinschaften den Erwachsenen hilflos ausgeliefert sind, sind die Children of God/Family of Love eines der Beispiele, in der wieder einmal ein Pädophiler mit Hilfe anderer Erwachsener eine geschlossene Gemeinschaft installierte, um seinen perversen Gelüsten freien Lauf lassen zu können.

Es wird höchste Zeit, dass sich etwas tut zum Schutze der Kinder, der Opfer. Die Liste ist zu lang, als dass man weiter machen könnte wie immer.

Schlussbemerkungen und Forderungen

Eine Zusammenfassung der gesamten Bandbreite (vorgeblich) religiöser, spiritueller, verschwörungstheoretischer und sonstiger mit Versatzstücken verschiedener Ideologien ausgestatteter Angebote an die Menschen ist nicht einfach, da es bei der Fülle, die sich auf dem Markt tummelt, kaum möglich ist, alles zu erfassen.

Jede Zeit hat bestimmte Gruppen hervorgebracht. Einige haben sich inzwischen fest etabliert, andere sind mit den ideologischen Ansätzen in einem anderen Gewand wieder auf dem Markt. Bei wieder anderen sind Versatzstücke aus früheren Ansätzen mit angeblich neu erfahrenen Geheimnissen aus dem Universum und von anderswo zu einem Mix geworden. Eines haben sie alle gemeinsam: Sie können Menschen schädigen, gesundheitlich oder »nur« finanziell. Sie bringen Menschen dazu, ihr bisheriges Leben aufzugeben, alles zu vergessen, was ihnen vorher wichtig war und ihr Leben bestimmt hat. Aus diesem Grund ist es zu kurz gegriffen, wenn in der Öffentlichkeit bei Betroffenen nur das jeweilige Einzelschicksal gesehen wird. Jedes Opfer der Szene hat Familie, Freunde, Kollegen und Kolleginnen – ein soziales Umfeld. Dieses Umfeld ist von dem Weg eines Menschen in die esoterische Welt ebenso betroffen. Es sind also viele Menschen, in deren Leben durch die Angebote eingegriffen wird. Für die persönliche Umgebung des Betroffenen ist es häufig schwierig, die Gefahren, die sich aus dem sich entwickelnden Interesse für Übersinnliches ergeben können, rechtzeitig zu erkennen. Ähnlich wie bei Drogenkonsum kann es vermeintlich harmlos beginnen und die Abhängigkeit zu einer Person, dem Leiter einer Gruppe, dem Medium oder den erfahrenen Ergebnissen für das eigene Leben sich langsam entwickeln. Da fast immer die außerhalb stehenden Personen, die nicht bereit sind, denselben Weg mitzugehen, als Problem oder sogar Feinde der jeweiligen Erkenntnisse angesehen werden, sind Katastrophen für die soziale Umgebung vorprogrammiert. Es gibt bisher keine Statistik, die die Angebote überhaupt erfasst, geschweige denn bewertet. Deshalb ist nicht bekannt, wie viele Menschen in Deutschland oder weltweit durch esoterische oder okkulte Angebote lebenslangen Schaden genommen oder sogar den Tod gefunden oder gesucht haben. Es wird höchste Zeit, in diesem Kontext umzudenken.

Aber nicht nur die Einzelschicksale müssen zum Umdenken führen. Die Gefahren der ideologischen Ansätze betreffen die ganze Gesellschaft. Die immer wieder beschworene wehrhafte Demokratie hat mehr Gegner, die an der Zersetzung freiheitlicher Strukturen arbeiten, als bisher in der Gesellschaft angenommen wird. Selbst die Gefahren der immerhin inzwischen vom Verfassungsschutz beobachteten Scientology-Organisation werden vor allem im Hinblick auf ihre Einflussnahme durch politische Kräfte aus den USA immer noch unterschätzt.

Die Schwierigkeit des Erkennens von Gefahren ist zum Teil damit begründet, dass sich die Anbieter bekannter Versatzstücke aus Religionen und Medizin bedienen. Die selbsternannten Therapeuten für das neue Leben entwickeln dabei eine rege Phantasie: »Bruch- und Versatzstücke jedes nur erdenklichen Kulturkreises werden vereinnahmt und ›therapeutisch‹ beziehungsweise zu ›Selbsterfahrungszwecken‹ aufbereitet. Je nach Kenntnisstand und Vorliebe des einzelnen Therapeuten werden die jeweiligen Verfahren mit an sich durchaus ernstzunehmenden Entspannungs-, Visualisierungs- oder Meditationsübungen angereichert, daneben auch mit Übungen aus atem- und körpertherapeutischen Ansätzen. [...] Manch esoterisch-spiritueller Praktiker arbeitet zusätzlich mit medizinischen Alternativverfahren wie Homöopathie, Akupunktur oder Reflexzonentherapie. Die Kombinationsmöglichkeiten sind unbegrenzt, unentwegt kommen irgendwelche ›Neuerungen‹ hinzu.«[172]

Käufliche Spiritualität, Käufliches zur schnellen Wunscherfüllung und anderes könnten von der Politik eigentlich schnell geregelt werden. Die vom Deutschen Bundestag eingesetzte Enquete-Kommission zu den neureligiösen Gemeinschaften und Psychogruppen hat in ihrem Forderungskatalog die Lösung aufgezeigt: ein Gesetz, das diesen Markt regelt. Dort, wo ein Markt entsteht, gibt es Verkäufer und Verbraucher. Man kann es nicht oft genug wiederholen: Verbraucherschutz ist auch hier geboten. Die Forderung ist alt, Gesetzesentwürfe wurden geschrieben. Die Widerstände kamen nicht nur aus der betroffenen sogenannten Sekten-Szene, auch einige Kirchenvertreter waren mit den Vorschlägen nicht einverstanden. Es wird Zeit, sich darauf zu besinnen, staatlicher- und kirchlicherseits, denn schließlich nehmen Menschen nicht nur Schaden durch sogenanntes Gammelfleisch. Die Psyche gehört genauso geschützt wie der Körper. Vielleicht sollte man das Gesetz mit dem Wort »ganzheitlich« verbinden. Es könnte die Akzeptanz erhöhen.

Auch für den medizinischen und damit den Heilerbereich hat die Enquete-Kommission mehrheitlich Vorschläge erarbeitet. Das Heilpraktikergesetz gehört angesichts der vielen undurchschaubaren Angebote erneut auf den Prüf-

---

172 Colin Goldner, Die Psychoszene, Aschaffenburg 2000, 16.

stand. Ein Blick in die Empfehlung der Enquete-Kommission ergibt, dass sich bereits mit einer Änderung einiges erreichen ließe. Die Lobby der alternativen Heilszene wird wohl auch hier schnell in Erscheinung treten, um mögliche Forderungen in diese Richtung zu unterbinden. Wenn man wollte, könnte man schon seit Langem etwas tun, um Menschen zu schützen und ihnen zu helfen, wenn sie Leid erfahren haben.

Eine andere Sache ist allerdings wirklich überfällig und noch nicht ernsthaft diskutiert worden: Die schrecklichen Taten bei Kindesmissbrauch müssen schärfer bestraft werden! Viele, zu viele Kinder sind schon Opfer geworden und Täter durch die Strukturen von Parallelwelten geschützt worden. Es wird Zeit, das Strafgesetzbuch in Deutschland zu ändern. Sexueller Missbrauch ist Mord an der Seele. Es kann nicht nur der Körper getötet werden. Deswegen muss sexueller Missbrauch an Kindern strafrechtlich genauso eingestuft werden. Das bedeutet in der Konsequenz, dass der Mord an der Seele nicht verjähren darf und das Strafmaß »lebenslänglich« laufen muss. Bisher gilt die Androhung von lebenslanger Haft nur dann, wenn der Täter durch sexuellen Missbrauch »wenigstens leichtfertig« den Tod eines Kindes verursacht.[173] Soviel zu Gesetzesänderungen, die natürlich nicht die Probleme lösen, aber den Opfern mehr Möglichkeiten – siehe Verbraucherschutz – oder mehr Gerechtigkeit vermitteln können – siehe Änderung des Strafgesetzes –, wenn sie missbraucht worden sind.

Die gesellschaftlichen Einflüsse, das langsame Einfließen von Ideologien und Gedanken aus der gesamten Szene, die Mischung von Ideologien, die zu politischem Irrationalismus führen, und die sich immer weiter ausbreitenden

---

173 Vgl. §176 b StGB.

christlich-fundamentalistisch ausgerichteten Gruppen, die schon sehr deutlich noch mehr politische Ansprüche stellen und immer mehr Unterstützung erhalten, können sich zu einem echten Problem einer demokratisch-freiheitlichen Gesellschaft entwickeln.

Warnungen dazu gibt es schon länger, sie verhallen ungehört. So kann sich die Szene weiter und weiter entwickeln und sich Lobbyisten schaffen, die bei Kritik dafür sorgen, dass die Verharmlosung wieder greift. Im Zweifel wird das Argument hervorgeholt, es seien ja nicht viele Menschen. Die Zielsetzung für die neu zu erschaffene Welt ist in den einschlägigen Veröffentlichungen nachlesbar. Die Ansprüche sind eindeutig formuliert. Als Entscheidungsinstanzen sind staatliche Institutionen nicht vorgesehen:»Hauptziel der magischen Arbeit ist der Kontakt mit dem Höheren Selbst, denn es ist die allerhöchste Gerichts- und Entscheidungsinstanz, der einzige wahre Meister und damit auch der eigentliche Magier.«[174]

Der Politikwissenschaftler und Soziologe Hans-Gerd Jaschke stellte bereits 1998 fest:»Esoterik und Okkultismus könnte man als harmlose, politisch und gesellschaftlich wenig einflussreiche Spinnereien abtun, deren Schaden allenfalls darin besteht, dass die Leidensgeschichten ihrer Anhänger womöglich durch okkulte Praktiken noch verstärkt werden. [...] Doch diese Einschätzung erweist sich als vorschnell, wenn man die historischen Zusammenhänge in diesem Jahrhundert (das 20. Jahrhundert – die Verf.) in Rechnung stellt. Die Vorgeschichte des Nationalsozialismus ist auch eine Geschichte der Attraktivität des Okkulten für die nationalsozialistische Ideologie. [...] Begriffe und Ausgangs-

---

174 Walter Ernest Butler, Die hohe Schule der Magie. Über die Kunst, willentlich Bewusstsein zu verändern, Freiburg im Breisgau 1994, esotera Taschenbuch 1997, Rückseite.

punkte wie der Glaube an die Volksseele, das organisch-bio-logistische Menschenbild, die Aufwertung quasi-religiöser Rituale sind philosophische Traditionsbestände, die das rechtsextreme antidemokratische Denken in der Weimarer Republik kennzeichnen und sich heute in der Esoterik und im Okkultismus mehr oder weniger wieder finden.«[175]

Alle Religionen erheben Anspruch auf die einzige, be-glückende, göttliche Wahrheit und würden nur zu gerne auf der Grundlage ihrer Wahrheit staatliches Handeln be-stimmen. Aber keine freiheitliche Demokratie ist denkbar in einem Gottesstaat, auch nicht in einem christlichen. »Der Fundamentalismus im Namen des Christentums ist so alt wie das Christentum selbst. Er ist keineswegs, wie etwa der Fundamentalismus islamischer Migranten in Großbritan-nien, Frankreich oder der Bundesrepublik, eine historisch neuartige sich entwickelnde Erscheinung.«[176]

---

175 Hans-Gerd Jaschke, Fundamentalismus in Deutschland. Gottesstreiter und politische Extre-misten bedrohen die Gesellschaft, Hamburg 1998, 151 f.
176 Ebd., 139.

Literaturnachweis

Blavatsky, Helena Petrowna: Geheimlehre Bd. I: Kosmogenesis. Satteldorf: Adyar 2000. Geheimlehre Bd III: Esoterik. Satteldorf: Adyar 2000.

Capra, Fritjof: Wendezeit. Bausteine für ein neues Weltbild. Einmalige Sonderausgabe. München: Droemer Knaur 1988.

Dierbach, Heike: Die Seelenpfuscher. Reinbek: Rowohlt 2009.

Fathi, Alma: Die ideologischen Hintergründe der Germanischen Neuen Medizin. – In: Totalitäre Ideologien, Verschwörungstheorien und zweifelhafte Heilungsversprechen. München: Elterninitiative zur Hilfe gegen seelische Abhängigkeit und religiösen Extremismus e.V. 2010.

Goldner, Collin (Hrsg.): Der Wille zum Schicksal. Die Heilslehre des Bert Hellinger. Wien: Ueberreuter 2003.

Gugenberger, Eduard, Petri, Franko und Schweidlenka, Roman: Weltverschwörungstheorien. Die neue Gefahr von rechts. Wien: Deuticke 1998.

Gugenberger, Eduard und Schweidlenka, Roman: Mutter Erde, Magie und Politik. Zwischen Faschismus und neuer Gesellschaft. Osnabrück: Packpapier 2005.

Haack, Friedrich Wilhelm: Wotans Wiederkehr. Blut-, Boden- und Rassereligion. München: Claudius 1981.

Jaschke, Hans-Gerd: Fundamentalismus in Deutschland. Gottesstreiter und politische Extremisten bedrohen die Gesellschaft. Hamburg: Hoffmann & Campe 1998.

Jones, Celeste, Kristina und Juliana: Nicht ohne meine Schwestern: Gefangen und missbraucht in einer Sekte – unsere wahre Geschichte. 5. Auflage. Köln: Bastei Lübbe 2010.

Kin, L.: Gott & Co – Nach wessen Pfeife tanzen wir? Preußisch Oldendorf: VAP 1996.

Lambrecht, Oda und Baars, Christian: Mission Gottesreich. Fundamentalistische Christen in Deutschland. Berlin: Links 2009.

Nissen, Henri: Ein Gott, der Wunder tut. Lüdenscheid: Asaph 2004.

Nordhausen, Frank und von Billerbeck, Liane: Psychosekten. Die Praktiken der Seelenfänger. Berlin: Links 1997.

Riese, Berthold: Die Maya. München: Beck 2006.

Schellenkamp, Klaus: Geboren im Schatten der Angst. Ich überlebte die Colonia Dignidad. München: Herbig 2007.

Singer, Margaret Thaler und Lalich, Janja: Sekten – Wie Menschen ihre Freiheit verlieren und wiedergewinnen können. Heidelberg: Auer 1997.

Trevelyan, George: Eine Vision des Wassermann-Zeitalters. Gesetze und Hintergründe des New Age. München: Goldmann 1984.

Trimondi, Victor und Victoria: Krieg der Religionen. München: Fink 2006.

Zinser, Hartmut: Esoterik – Eine Einführung. München: Fink 2009.

Websites

http://www.agpf.de/Esoterik.htm.

http://www.logic5.de/ueber_mich/andreas_hortmann. html.

http://stjosef.at/artikel/otto_muehl_pitzinger-kommentar. htm.

http://text.watv.org/german/, Stand: 24.08.2010.

www.dasgoetheaneum.ch.

www.der-weg-nach-hause.de

www.Freitag.de/community/blogs, Stand: 29.05.2010.

www.ivo-sasek.ch/dienstleistungen.html, Stand: 03.06.2010.

www.Krebsgesellschaft.de, Stand: 22.10.2006.

www.kryonschule.de.

www.pilhar.com/News/Presse2001.

www.religio.de/dialog/395/395s.16.html.

Zeitungen/Zeitschriften

Brennpunkt Esoterik: div. Ausgaben.

Die Zeit: div. Ausgaben.

Esotera – Zeitschrift für spirituelles Leben: div. Ausgaben.

Körper, Geist und Seele: div. Ausgaben.

Liebe – Das Magazin für Sein & Selbstbewusstsein: März 1985.

Wiesbadender Kurier: div. Ausgaben.

Tagesanzeiger Zürich: 21.06.2005.

TAZ: 10.01.2009.

Sonstige Quellen

Bibelschule Brake: Skript-Unterlagen.

Die Violetten: Ideen für eine neue Politik. Parteiprogramm Juni 2008.

Evangelische Zentralstelle für Weltanschauungsfragen: Materialdienst 6/10.

Strafgesetzbuch der Bundesrepublik Deutschland.

Zentrum für Geistiges Heilen: Werbeblatt.